바로보인

전傳 등燈 록錄

27

농선 대원 역저

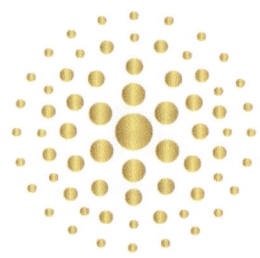

이 원상은 농선 대원 선사님께서 직접 그리신 것으로 모든 불성이 서로 상즉해 공존하는 원리를 담은 것이다.

선 심(禪心)

누리 삼킨 참나를
낙화(落花)로 자각(自覺)
떨어지는 물소리로 웃고 가는 길
돌에서 꽃에서도 님이 맞는다

 정맥 선원의 문젠 마크는 농선 대원 선사님께서 마음을 상징하는 달(moon)과 그 마음을 깨달아 마음이 내가 된 삶인 선(zen)을 평화의 상징인 비둘기로 형상화 하신 것이다.

교조 석가모니 부처님과
부처님으로부터 직계로 내려온
불조정맥 78대 조사들의
진영과 전법게

 불조정맥

　불조정맥이란 석가모니 부처님으로부터 현 78대 조사에 이르기까지 스승에게 깨달음의 인증인 인가를 받아 법을 전하라는 부촉을 받은 전법선사의 맥이다. 여기에 실린 불조진영과 전법게는 농선 대원 선사님께서 다년간 수집 정리하여 기도와 관조 끝에 완성하여 수립하신 것이다. 각 선사의 진영과 함께 실린 전법게는 스승으로부터 직접 전해 받은 게송이다. 단, 석가모니 부처님 진영에 실린 게송은 석가모니 부처님의 게송이다.

교조 석가모니 부처님

환화라고 하는 것 근본 없어 생긴 적도 없어서　　幻化無因亦無生
모두가 스스로 이러-해서 본다 함도 이러-하네　　皆則自然見如是
모든 법도 스스로 화한 남, 아닌 것이 없어서　　諸法無非自化生
환화라 하지만 남이 없어 두려워할 것도 없네　　幻化無生無所畏

제1조　마하가섭 존자

법이라는 본래 법엔 법이랄 것 없으나	法本法無法
법이랄 것 없다는 법, 그 또한 법이라	無法法亦法
이제 법이랄 것 없음을 전해줌에	今付無法時
법이라는 법인들 그 어찌 법이랴	法法何曾法

제2조　아난다 존자

법이란 법 본래의 법이라	法法本來法
법도 없고 법 아님도 없으니	無法無非法
어떻게 온통인 법 가운데	何於一法中
법 있으며 법 아닌 것 있으랴	有法有非法

제3조　상나화수 존자

본래의 법 전함이 있다 하나	本來付有法
전한 말에 법이랄 것 없다 했네	付了言無法
각자가 스스로 깨달으라	各各須自悟
깨달으면 법 없음도 없다네	悟了無無法

제4조　우바국다 존자

법 아니고 마음도 아니어서	非法亦非心
맘이랄 것, 법이랄 것 없나니	無心亦無法
마음이다, 법이다 설할 때는	說是心法時
그 법은 마음법이 아니로다	是法非心法

제5조　제다가 존자

마음이란 스스로인 본래의 마음이니	心自本來心
본래의 마음에는 법 있는 것 아니로다	本心非有法
본래의 마음 있고 법이란 것 있다 하면	有法有本心
마음도 아니요 본래 법도 아니로다	非心非本法

제6조　미차가 존자

본래의 마음법을 통달하면　　　通達本心法
법도 없고, 법 아님도 없도다　　無法無非法
깨달으면 깨닫기 전과 같아　　　悟了同未悟
마음이니, 법이니 할 것 없네　　無心亦無法

제7조　바수밀 존자

맘이랄 것 없으면 얻음도 없어서　　無心無可得
설함에 법이라 이름할 것도 없네　　說得不名法
만약에 맘이라 하면 마음 아님 깨달으면　若了心非心
비로소 마음인 마음법 안다 하리　　始解心心法

제8조　불타난제 존자

가없는 마음으로　　心同虛空界
가없는 법 보이니　　示等虛空法
가없음을 증득하면　證得虛空時
옳고 그른 법이 없다　無是無非法

제9조　복타밀다 존자

허공이 안팎 없듯　　虛空無內外
마음법도 그러하다　　心法亦如此
허공이치 요달하면　　若了虛空故
진여이치 통달하네　　是達眞如理

제10조　파율습박(협) 존자

진리란 본래에 이름할 수 없으나　　眞理本無名
이름에 의하여 진리를 나타내니　　因名顯眞理
받아 얻은 진실한 법이라고 하는 것　受得眞實法
진실도 아니요, 거짓도 아니로세　　非眞亦非僞

제11조　부나야사 존자

참된 몸 스스로 이러-히 참다우니	眞體自然眞
참됨을 설함으로 인해 진리란 것 있다 하나	因眞說有理
참답게 참된 법을 깨달아 얻으면	領得眞眞法
베풀 것도 없으며 그칠 것도 없다네	無行亦無止

제12조　아나보리(마명) 존자

미혹과 깨침이란 숨음과 드러남 같다 하나	迷悟如隱顯
밝음과 어둠이 서로가 여읠 수 없는 걸세	明暗不相離
이제 숨음이 드러난 법 부촉한다지만	今付隱顯法
하나도 아니요, 둘도 또한 아니로세	非一亦非二

제13조　가비마라 존자

숨었느니 드러났느니 하지만 본래의 법에는	隱顯卽本法
밝음과 어두움이 원래에 둘 아니라	明暗元不二
깨달아 마친 법을 전한다고 하지만	今付悟了法
취함도 아니요, 여읨도 아니로세	非取亦非離

제14조　나가르주나(용수) 존자

숨을 수도, 드러날 수도 없는 법이라 함	非隱非顯法
이것이 참다운 실제를 말함이니	說是眞實際
숨음이 드러난 법 깨달았다 하나	悟此隱顯法
어리석음도 아니요 지혜로움도 아니로다	非愚亦非智

제15조　가나제바 존자

숨었느니 드러났느니 하면 법에 밝다 하랴	爲明隱顯法
밝게 해탈의 이치를 설하려면	方說解脫理
저 법에 증득한 바도 없는 마음이어야 하니	於法心不證
성낼 것도 없으며 기쁠 것도 없다네	無嗔亦無喜

제16조　라후라타 존자

본래에 법을 전할 사람 대해　　　　本對傳法人
해탈의 진리를 설하나　　　　　　　爲說解脫理
법엔 실로 증득한 바 없어서　　　　於法實無證
마침도 비롯함도 없느니라　　　　　無終亦無始

제17조　승가난제 존자

법에는 진실로 증득한 바 없어서　　於法實無證
취함도 없으며 여읨도 없느니라　　 不取亦不離
법에는 있다거나 없다는 상도 없거늘　法非有無相
안이니 밖이니 어떻게 일으키리　　　內外云何起

제18조　가야사다 존자

맘 바탕엔 본래에 남 없거늘　　　　心地本無生
바탕의 인, 연을 쫓아 일으키나　　　因地從緣起
연과 종자 서로가 방해 없어　　　　緣種不相妨
꽃과 열매 그 또한 그러하네　　　　華果亦復爾

제19조　구마라다 존자

마음의 바탕에 지닌 종자 있음에　　有種有心地
인과 연이 능히 싹 나게 하지만　　　因緣能發萌
저 연에 서로가 걸림이 없어서　　　於緣不相礙
마땅히 난다 해도 남이 남 아니로세　當生生不生

제20조　사야다 존자

성품에는 본래에 남 없건만　　　　　性上本無生
구하는 사람 대해 설할 뿐　　　　　爲對求人說
법에는 얻은 바 없거늘　　　　　　　於法旣無得
어찌 깨닫고, 깨닫지 못함을 둘 것인가　何懷決不決

제21조　바수반두 존자

말 떨어지자마자 무생에 계합하면	言下合無生
저 법계와 성품이 함께 하리니	同於法界性
만일 능히 이와 같이 깨친다면	若能如是解
궁극의 이변 사변 통달하리	通達事理竟

제22조　마노라 존자

물거품과 환 같아 걸릴 것도 없거늘	泡幻同無礙
어찌하여 깨달아 마치지 못했다 하는가	如何不了悟
그 가운데 있는 법을 통달하면	達法在其中
지금도 아니요, 옛 또한 아니니라	非今亦非古

제23조　학륵나 존자

마음이 만 경계를 따라서 구르나	心隨萬境轉
구르는 곳마다 실로 능히 그윽함에	轉處實能幽
성품을 깨달아서 흐름을 따르면	隨流認得性
기쁠 것도 없으며 근심할 것도 없네	無喜亦無憂

제24조　사자보리 존자

마음의 성품을 깨달음에	認得心性時
사의할 수 없다고 말하나니	可說不思議
깨달아 마쳐서는 얻음 없어	了了無可得
깨달아선 깨달았다 할 것 없네	得時不說知

제25조　바사사다 존자

깨달음의 지혜를 바르게 설할 때에	正說知見時
깨달음의 지혜란 이 마음에 갖춘 바라	知見俱是心
지금의 마음이 곧 깨달음의 지혜요	當心卽知見
깨달음의 지혜가 곧 지금의 함일세	知見卽于今

제26조 불여밀다 존자

성인이 말하는 지견은 　　　　　聖人說知見
경계를 맞아서 시비 없네 　　　　當境無是非
나 이제 참성품 깨달음에 　　　　我今悟眞性
도랄 것도, 이치랄 것도 없네 　　無道亦無理

제27조 반야다라 존자

맘 바탕에 참성품 갖췄으나 　　　眞性心地藏
머리도, 꼬리도 없으니 　　　　　無頭亦無尾
인연 응해 만물을 교화함을 　　　應緣而化物
지혜라고 하는 것도 방편일세 　　方便呼爲智

제28조 보리달마 존자

마음에서 모든 종자 냄이여 　　　心地生諸種
일(事)로 인해 다시 이치 나느니라 因事復生理
두렷이 보리과가 원만하니 　　　果滿菩提圓
세계를 일으키는 꽃 피우리 　　　華開世界起

제29조 신광 혜가 대사

내가 본래 이 땅에 온 것은 　　　吾本來此土
법을 전해 중생을 구함일세 　　　傳法救迷情
한 송이에 다섯 꽃잎 피리니 　　一花開五葉
열매 맺음 자연히 이뤄지리 　　　結果自然成

제30조 감지 승찬 대사

본래의 바탕에 연 있으면 　　　　本來緣有地
바탕의 인에서 종자 나서 꽃핀다 하나 因地種華生
본래엔 종자가 있은 적도 없어서 　本來無有種
꽃핀 적도 없으며 난 적도 없다네 　華亦不曾生

제31조 대의 도신 대사

꽃과 종자 바탕으로 인하니	華種雖因地
바탕을 쫓아서 종자와 꽃을 내나	從地種華生
만약에 사람이 종자 내림 없으면	若無人下種
남 없어 바탕에 꽃핀 적도 없다 하리	華地盡無生

제32조 대만 홍인 대사

꽃과 종자 성품에서 남이라	華種有生性
바탕으로 인해서 나고 꽃피우니	因地華生生
큰 연과 성품이 일치하면	大緣與性合
그 남은 나도 남 아니로세	當生生不生

제33조 대감 혜능 대사

정 있어 종자를 내림에	有情來下種
바탕 인해 결과 내어 영위하나	因地果還生
정이랄 것도 없고 종자랄 것도 없어서	無情旣無種
만물의 근원인 도의 성품엔 또한 남도 없네	無性亦無生

제34조 남악 회양 전법선사

마음의 바탕에 모든 종자 머금어져	心地含諸種
널리 비 내림에 모두 다 싹트도다	普雨悉皆生
단박에 깨달아 정을 다한 꽃피움에	頓悟華情已
보리의 과위가 스스로 이뤄졌네	菩提果自成

제35조 마조 도일 전법선사

마음의 바탕에 모든 종자 머금어져	心地含諸種
비와 이슬 만남에 모두 다 싹이 트나	遇澤悉皆萌
삼매의 꽃핌이라 형상이 없거늘	三昧華無相
무엇이 무너지고 무엇이 이뤄지랴	何壞復何成

제36조 백장 회해 전법선사

마음 외에 본래에 다른 법이 없거늘	心外本無法
부촉함이 있다 하면 마음법이 아닐세	有付非心法
원래에 마음법 없음을 깨달은	既知非法心
이러-한 마음법을 그대에게 부촉하네	如是付心法

제37조 황벽 희운 전법선사

본래에 말로는 부촉할 수 없는 것을	本無言語囑
억지로 마음의 법이라 전함이니	強以心法傳
그대가 원래에 받아 지닌 그 법을	汝既受持法
마음의 법이라고 다시 어찌 말하랴	心法更何言

제38조 임제 의현 전법선사

마음의 법 있으면 병이 있고	病時心法在
마음의 법 없으면 병도 없네	不病心法無
내 부촉한 마음의 법에는	吾所付心法
마음의 법 있는 것 아니로세	不在心法途

제39조 흥화 존장 전법선사

지극한 도는 간택함이 없으니	至道無揀擇
본래의 마음이라 향하고 등짐이 없느니라	本心無向背
이 같음을 감당해 이으려는가?	便如此承當
봄바람에 곤한 잠을 더하누나	春風增瞌睡

제40조 남원 혜옹 전법선사

대도는 온통 맘에 있다지만	大道全在心
맘에 구함 있으면 그르치네	亦非在心求
그대에게 부촉한 자심의 도에는	付汝自心道
기쁨도 근심도 없느니라	無喜亦無憂

제41조   풍혈 연소 전법선사

나 이제 법 없음을 말하노니	我今無法說
말한 바가 모두 다 법 아니라	所說皆非法
법 없는 법 지금에 부촉하니	今付無法法
이 법에도 머무르지 말아라	不可住于法

제42조   수산 성념 전법선사

말한 적도 없어야 참법이니	無說是眞法
이 말함은 원래에 말함 없네	其說元無說
나 이제 말한 적도 없을 때	我今無說時
말함이라 말한들 말함이랴	說說何曾說

제43조   분양 선소 전법선사

예로부터 말함 없음 부촉했고	自古付無說
지금의 나 또한 말함 없네	我今亦無說
다만 이 말함 없는 마음을	只此無說心
모든 부처 다 같이 말한 바네	諸佛所共說

제44조   자명 초원 전법선사

허공이 형상이 없다 하나	虛空無形像
형상도, 허공도 아닐세	形像非虛空
내 부촉한 마음의 법이란	我所付心法
공도 공한 공이어서 공 아닐세	空空空不空

제45조   양기 방회 전법선사

허공이 면목이 없듯이	虛空無面目
마음의 상 또한 이와 같네	心相亦如然
곧 이렇게 비고 빈 마음을	卽此虛空心
높은 중에 높다고 하는 걸세	可稱天中天

제46조　백운 수단 전법선사

마음의 본체가 허공같아	心體如虛空
법 또한 허공처럼 두루하네	法亦遍虛空
허공 같은 이치를 증득하면	證得虛空理
법도 아니요, 공한 맘도 아니로세	非法非心空

제47조　오조 법연 전법선사

도에는 나라는 나 원래 없고	道我元無我
도에는 맘이란 맘 원래 없네	道心元無心
오직 이 나라 함도 없는 법으로	唯此無我法
나라 함 없는 맘에 일체하네	相契無我心

제48조　원오 극근 전법선사

참나에는 본래에 맘이랄 것 없으며	眞我本無心
참마음엔 역시나 나랄 것 없으나	眞心亦無我
이러-히 참답게 참마음에 일체되면	契此眞眞心
나를 나라 한들 어찌 거듭된 나겠는가	我我何曾我

제49조　호구 소륭 전법선사

도 얻으면 자재한 마음이고	得道心自在
도 얻지 못하면 근심이라 하나	不得道憂惱
본래의 마음의 도 부촉함에	付汝自心道
기쁨도, 근심도 없느니라	無喜亦無惱

제50조　응암 담화 전법선사

맑던 하늘 구름 덮인 하늘 되고	天晴雲在天
비 오더니 젖어있는 땅일세	雨落濕在地
비밀히 마음을 부촉함이여	秘密付與心
마음법이란 다만 이것일세	心法只這是

제51조　밀암 함걸 전법선사

부처님은 눈으로써 별을 보고	佛用眼觀星
난 귀로써 소리를 들었도다	我用耳聽聲
나의 함이 부처님의 함과 같아	我用與佛用
내 밝음이 그대의 밝음일세	我明汝亦明

제52조　파암 조선 전법선사

부처와 더불어 중생의 보는 것이	佛與衆生見
원래 근본 부처인데 금 그은들 바뀌랴	元本佛隔線
그대에게 부촉한 본연의 마음법에는	付汝自心法
깨닫고 깨닫지 못함도 없느니라	非見非不見

제53조　무준 사범 전법선사

내가 만약 봄이 없다 할 때에	我若不見時
그대 응당 봄이 없이 보아라	汝應不見見
봄에 봄 없어야 본연의 봄이니	見見非自見
본연의 마음이 언제나 드러났네	自心常顯現

제54조　설암 혜랑 전법선사

진리는 곧기가 거문고줄 같다는데	眞理直如絃
어떻게 침묵이나 말로 다시 할 것인가	何默更何言
나 이제 그대에게 공교롭게 부촉하니	我今善付囑
밝힌 마음 본래에 얻음이 없는 걸세	表心本無得

제55조　급암 종신 전법선사

사람에겐 미혹하고 깨달음이 본래 없는데	本無迷悟人
미했느니 깨쳤느니 제 스스로 분별하네	迷悟自家計
젊어서 깨달았다 말이나 한다면	記得少壯時
늙어서까지라도 깨닫지 못할 걸세	而今不覺老

제56조　석옥 청공 전법선사

이 마음이 지극히 광대하여	此心極廣大
허공에 비할 수도 없다네	虛空比不得
이 도는 다만 오직 이러-하니	此道只如是
밖으로 찾음 쉬어 받아 지녔네	受持休外覓

제57조　태고 보우 전법선사

지극히 큰 이것인 이 마음과	至大是此心
지극히 성스러운 이것인 이 법이라	至聖是此法
등불과 등불의 광명처럼 나뉨 없음	燈燈光不差
이 마음 스스로가 통달해 마침일세	了此心自達

제58조　환암 혼수 전법선사

마음 중의 본연의 마음과	心中有自心
법 중의 지극한 법을	法中有至法
내가 지금 부촉한다 하나	我今可付囑
마음법엔 마음법이라 함도 없네	心法無心法

제59조　구곡 각운 전법선사

온통인 도, 마음의 광명이라 할 것도 없으나	一道不心光
과거, 현재, 미래와 시방을 밝힘일세	三際十方明
어떻게 지극히 분명한 이 가운데	何於明白中
밝음과 밝지 않음 있다고 하리오	有明有不明

제60조　벽계 정심 전법선사

나 지금 법 없음을 부촉하고	我無法可付
그대는 무심으로 받는다 하나	汝無心可受
전함 없고 받음 없는 맘이라면	無付無受心
누구라도 성취하지 못했다 하랴	何人不成就

제61조　벽송 지엄 전법선사

마음이 곧 깨달음의 마음이요	心卽能知心
법이 곧 깨달음의 법이라	法卽可知法
마음법을 마음법이라 전한다면	法心付法心
마음도, 법도 아닐세	非心亦非法

제62조　부용 영관 전법선사

조사와 조사가 법 없음을 부촉한다 하나	祖祖無法付
사람과 사람마다 본래 스스로 지님일세	人人本自有
그대는 부촉함도 없는 법을 받아서	汝受無付法
긴요히 뒷날에 전하도록 하여라	急着傳於後

제63조　청허 휴정 전법선사

참성품은 본래에 성품이라 할 것 없고	眞性本無性
참법은 본래에 법이라 할 것 없네	眞法本無法
법이니 성품이니 할 것 없음 깨달으면	了知無法性
어떠한 곳엔들 통달하지 못하랴	何處不通達

제64조　편양 언기 전법선사

법도 아니고 법 아님도 아니고	非法非非法
성품도 아니고 성품 아님도 아니며	非性非非性
마음도 아니고 마음 아님도 아님이	非心非非心
그대에게 부촉하는 궁극의 마음법일세	付汝心法竟

제65조　풍담 의심 전법선사

부처님이 전하신 꽃 드신 종지와	師傳拈花宗
내가 미소지어 보인 도리를	示我微笑法
친히 손수 그대에게 분부하니	親手分付汝
받들어 지녀 누리에 두루하게 하라	持奉遍塵刹

제66조   월담 설제 전법선사

깨달아선 깨달은 바 없으며	得本無所得
전해서는 전함 또한 없느니라	傳亦無可傳
전함도 없는 법을 부촉함이여	今付無傳法
동서가 온통한 하늘일세	東西共一天

제67조   환성 지안 전법선사

전하거나 받을 법이 없어서	無傳無受法
전하거나 받는다는 맘도 없네	無傳無受心
부촉하나 받은 바 없는 이여	付與無受者
허공의 힘줄마저 뽑아서 끊었도다	掣斷虛空筋

제68조   호암 체정 전법선사

연류에 따른 일단사여	沿流一段事
머리도 꼬리도 필경 없네	竟無頭與尾
사자새끼인 그대에게 부촉하니	付與獅子兒
사자후 천지에 가득케 하라	哨吼滿天地

제69조   청봉 거안 전법선사

서 가리켜 동에 그림이여	指西喚作東
풍악산의 뭇 봉우리로다	楓嶽山衆峰
불조의 이러한 법을	佛祖之此法
너에게 분부하노라	分付今日汝

제70조   율봉 청고 전법선사

머리도 꼬리도 없는 도리	無頭尾道理
오늘 그대에게 전해주니	今日傳授汝
이후로 보림을 잘 하여서	此後善保任
영원히 끊어짐이 없게 하라	永遠無斷絶

제71조 금허 법첨 전법선사

그믐날 근원에 돌아간다 말했으나
법신에 그 어찌 가고 옴이 있으랴
푸른 하늘 해 있고, 못 가운데 연꽃일세
이 법을 분부하니 끊어짐이 없게 하라

晦日豫言爲還元
法身何有去與來
日在靑天池中蓮
此法分付無斷絶

제72조 용암 혜언 전법선사

'연꽃이 나왔다' 하여 보인 큰 도리를
다시 또 뜰 밑 나무 가리켜 보여서
후일의 크고 큰일 그대에게 부촉하니
잘 지녀 보림하여 끊어짐 없게 하라

示出蓮之大道理
復亦指示庭下樹
後日大事與咐囑
保任善持無斷絶

제73조 영월 봉율 전법선사

사느니 죽느니 이 무슨 말들인고
물밭엔 연꽃이고 하늘엔 해일세
가없이 이러-해서 감출 수 없이 드러남
오늘 네게 분부하니 끊어짐 없게 하라

生也死也是何言
水田蓮花在天日
無邊無藏露如是
今日分付無斷絶

제74조 만화 보선 전법선사

봄산과 뜬구름을 동시에 보아라
중생들의 이익될 바 그 가운데 있느니라
이 가운데 도리를 이제 네게 부촉하니
계승해 끊임없이 번성케 할지어다

春山浮雲觀同時
普益衆生在其中
此中道理今付汝
繼承無斷爲繁盛

제75조 경허 성우 전법선사

하늘의 뜬구름이 누설한 그 도리를
오늘날 선자에게 부촉하여 주노니
철저하게 보림하여 모범을 보임으로
후세에 끊어짐이 없게 할 맘, 지니게나

浮雲漏泄其道理
今日咐囑與禪子
保任徹底示模範
後世無斷爲持心

제76조　만공 월면 전법선사

구름과 달,산과 계곡이라,곳곳에서 같음이여	雲月溪山處處同
선가의 나의 제자 수산의 큰 가풍일세	叟山禪子大家風
은근히 무문인을 그대에게 분부하니	慇懃分付無文印
이 기틀의 방편이 활안 중에 있노라	一段機權活眼中

제77조　전강 영신 전법선사

불조도 전한 바 없어서	佛祖未曾傳
나 또한 얻은 바 없음을…	我亦無所得
가을빛 저물어 가는 날에	此日秋色暮
뒷산의 원숭이가 울고 있네	猿嘯在後峰

제78대　농선 대원 전법선사

부처와 조사도 일찍이 전한 것이 아니거늘	佛祖未曾傳
나 또한 어찌 받았다 하며 준다 할 것인가	我亦何受授
이 법이 2천년대에 이르러서	此法二千年
널리 천하 사람을 제도하리라	廣度天下人

부처님으로부터 직계로 내려온 불조정맥 제78대 농선 대원 선사님

농선 대원 전법선사의 3대 서원

오로지 정법만을 깨닫기 서원합니다.
입을 열면 정법만을 설하기 서원합니다.
중생이 다하는 그날까지 교화하기 서원합니다.

성불사 국제정맥선원 대웅전

성불사 국제정맥선원은

농선 대원 선사님께서 주석하시는 곳으로

대원 선사님의 지도하에 비구스님들이

직접 지은 도량이다.

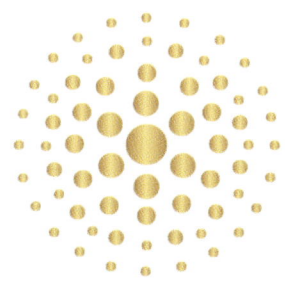

불교 8대 선언문

불교는 자신에게서 영생을 발견하게 한 유일한 종교이다.
불교는 자신에게서 모든 지혜를 발견하게 한 유일한 종교이다.
불교는 자신에게서 모든 능력을 발견하게 한 유일한 종교이다.
불교는 자신에게서 모든 것을 이루게 한 유일한 종교이다.
불교는 자신에게서 극락을 발견하게 한 유일한 종교이다.
불교는 깨달으면 차별 없어 평등하다는 유일한 종교이다.
불교는 모든 억압 없이 자신감을 갖게 한 유일한 종교이다.
불교는 그러므로 온 누리에 영원할 만인의 종교이다.

농선 대원 전법선사 주창

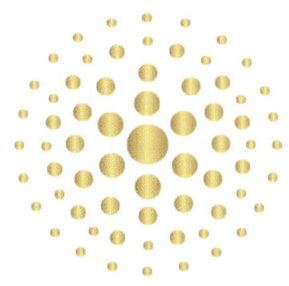

전세계의 불교계에서 통일시켜야 할 일

경전의 말씀대로 32상과 80종호를 갖춘 불상으로 통일해야 한다.

예불 드리는 법을 통일해야 한다.

불공의식을 통일해야 한다.

농선 대원 전법선사 주창

농선 대원 선사의 전등록 발간의 의의

 선문(禪文)이란 말 밖의 말로 마음을 바로 가리켜 깨닫게 하여 그 깨달은 마음 바탕에서 닦아 불지(佛地)에 이르게 하는 문(門)이다. 그러기에 지식이나 알음알이로는 헤아려 알 수 없는 것이어서 깨달아 증득하여 일체종지(一切種智)를 이룬 이가 아니고는 그 요지를 바로 보아 이끌어 줄 수 없다.

 지금 불교의 현실이 대본산 강원조차 이런 안목으로 이끌어 주는 선지식이 없어서 선종(禪宗) 최고의 공안집인 '전등록', '선문염송' 강의가 모두 폐강된 상황이다.
 이에 대원 선사님께서는 불조(佛祖)의 요지가 말이나 글에 떨어져 생사해탈의 길이 단절되는 것을 염려하여 깨달음의 법을 선리(禪理)에 맞게 바로 잡는 역경 작업에 혼신을 다하고 계신다.

 대원 선사님께서는 19세에 선운사 도솔암에서 활연대오한 후, 대선지식과의 법거량에서 한 치의 주저함도 없이 명쾌하게 응대하시니 당시 12대 선지식들께서 탄복해 마지않으셨다. 경봉 선사님과 조계종 지혜제일 전강 선사님과의 문답만을 보더라도 취모검과 같은 대원 선사님의 선지를 엿볼 수 있다.

맨 처음 통도사 경봉 선사님을 찾아뵈었을 때, 마침 늦가을 감나무에서 감을 따고 계신 경봉 선사님을 보자 감나무 주위를 한 번 돌고 서 있으니, 경봉 선사님께서 물으셨다.

"어디서 왔는가?"

"호남에서 왔습니다."

"무엇을 공부했는가?"

"선을 공부했습니다."

"무엇이 선이냐?"

"감이 붉습니다."

"네가 불법을 아는가?"

"알면 불법이 아닙니다."

위의 문답이 있은 후 경봉 선사님께서는 해제 법문을 대원 선사님께 맡기셨으나 대원 선사님께서는 아직 그럴 때가 아니라 여겨져 그 이튿날인 해제일 새벽 직전에 통도사를 떠나와 버리셨다.

또 광주 동광사에서 처음 전강 선사님을 뵈었을 때, 20대 초면의 젊은 승려인 대원 선사님께 전강 선사님께서 대뜸 '달마불식 도리'를 일러보라 하셨다. 대원 선사님께서 아무 말없이 다가가 전강 선사님의 목에 있는 점 위의 털을 뽑아 버리고 종무소로 가니, 전강 선사님께서 "여기 사람 죽이는 놈이 있다."하며 종무소까지 따라오다 방장실로 돌아가셨다.

그 이후 대원 선사님께서 군산 은적사에서 전강 선사님을 시봉하며 모시고 계실 때, 전강 선사님께서 또 물으셨다.

"공적의 영지를 일러라."

"이러-히 스님과 대담합니다."

"영지의 공적을 일러라."

"스님과 대담에 이러-합니다."

"이러-한 경지를 일러라."

"명왕은 어상을 내리지 않고 천하일에 밝습니다."

대원 선사님의 답에 전강 선사님께서는 희색이 만면해서 고개를 끄덕이며 당신 처소로 돌아가셨다.

이에 그치지 않고 전강 선사님께서 대구 동화사 조실로 계실 때, 대원 선사님께 말씀하셨다.

"대중들이 자네를 산으로 불러내어 그 중에 법성(조계종 종정 진제 스님)이 달마불식 도리를 일러보라 했을 때 '드러났다'라고 답했다는데, 만약에 자네가 양무제였다면 '모르오'라고 이르고 있는 달마 대사에게 어떻게 했겠는가?"

"제가 양무제였다면 '성인이라 함도 설 수 없으나 이러-히 짐의 덕화와 함께 어우러짐이 더욱 좋지 않겠습니까?' 하며 달마 대사의 손을 잡아 일으켰을 것입니다."

그러자 전강 선사님께서 탄복하며 말씀하셨다.

"어느새 그 경지에 이르렀는가?"

"이르렀다곤들 어찌하며 갖추었다곤들 어찌하며 본래라곤들 어찌하리까? 오직 이러-할 뿐인데 말입니다."

대원 선사님의 대답에 전강 선사님께서 크게 기뻐하셨다.

이와 같이 대원 선사님께서는 20대 초반에 이미 어떤 선지식의 물음에도 전광석화와 같이 답하셨으며 그 법을 씀이 새의 길처럼 흔적 없는 가운데 자유자재하셨다.

깨달음의 방편에 있어서는 육조 대사께서 마주 앉은 자리에서 사람들을 깨닫게 하셨듯이, 제자들을 제접해 직지인심(直指人心)으로 스스로의 마음에 사무쳐 들게 하여 근기에 따라 보림해 갈 수 있도록 이끌어주시니, 꺼져가는 정법의 기치를 바로 일으켜 세움이라 하겠다.

또한 선지식이라면 이변(理邊)에서 뿐만이 아니라 사변(事邊)에서도 먼 안목으로 인류가 무엇을 어떻게 대비하며 살아가야 할지를 예언하고 이끌어 주어야 한다고 하셨다.

그래서 1962년부터 주창하시기를, 전 세계가 21세기를 '사막 경영의 시대'로 삼아 사막화된 지역에 '사막 해수로 사업'을 하여 원하는 지역의 기후를 조절해야 하고, 자원을 소모하는 발전소 대신 파도, 태양열, 풍력 등의 대체 에너지와 무한 원동기를 개발해야 한다고 하셨다. 또, 도로를 발전소화하여 전기를 생산하는 방법 등을 구체적으로 제안하시고, 천재지변을 대비하여 각자의 집에서 농사를 짓는 '울안의 농법'을 연구하시는 등 만인이 더 나은 삶을 살 수 있는 길을 끊임없이 일러 주고 계신다.

　이와 같이 대원 선사님께서는 일체종지를 이룬 지혜로, '참나를 깨달아 마음이 내가 된 삶'을 위한 깨달음의 법으로부터 닥쳐오는 재난을 막고 지구를 가장 살기 좋은 세상으로 만드는 방편까지 늘 그 방향을 제시하고 계신다.

　한편, 불교의 최고 경전인 '화엄경 81권'을 완간하여 불보살님의 불가사의한 화엄세계를 열어 보이셨으며, 선문 최대의 공안집인 '선문염송 30권' 1,463칙에 대하여 석가모니 부처님 이래 최초로 전 공안을 맑은 물 밑바닥 보듯이 회통쳐 출간하셨다.

　이제 대원 선사님께서는 7불과 역대 조사들의 깨달음의 진수가 담긴 '전등록 30권'을 그런 혜안(慧眼)으로 조사마다 선리의 토끼뿔을 더해 닦아 증득할 수 있도록 밝혀 보이셨다. 그리하여 생사윤회길을 헤매는 중생들에게 해탈의 등불이 되고자 하셨으며, 불조(佛祖)의 정법이 후세에까지 끊어지지 않게 하여 부처님 은혜에 보답하고자 하셨다.

　부처님 가신 지 오래 되어 정법은 약하고 삿된 법이 만연한 지금, 중생이 다하는 날까지 중생을 구제하기 서원하는 대원 선사님과 같은 명안종사(明眼宗師)가 계심은 불보살님의 자비광명이 이 땅에 두루한 은덕이라 하겠다.

바로보인 불법 ㊸

전등록
傳燈錄

27

도서출판 문젠(구, 바로보인)은 정맥선원에서 운영하고 있습니다.

* 인제산(人濟山) 성불사(成佛寺) 국제정맥선원
  경기도 포천시 내촌면 소리개길 86-178 ☎ 031-531-8805
* 인제산(人濟山) 이문절 포천정맥선원
  경기도 포천시 내촌면 소리개길 86-123 ☎ 031-531-2433
* 백양산(白楊山) 자모사(慈母寺) 부산정맥선원
  부산시 동래구 아시아드대로 114번길 10 대륙코리아나 2층 212호 ☎ 051-503-6460
* 자모산(慈母山) 육조사(六祖寺) 청도정맥선원
  경북 청도군 매전면 동산리 산 50 ☎ 010-4543-2460
* 광암산(光巖山) 성도사(成道寺) 광주정맥선원
  광주광역시 광산구 삼도광암길 34 ☎ 062-944-4088
* 대통산(大通山) 대통사(大通寺) 해남정맥선원
  전남 해남군 화산면 송계길 132-98 중정마을 ☎ 061-536-6366

바로보인 불법 ㊸
전 등 록 27

초판 1쇄 펴낸날 단기 4354년, 불기 3048년, 서기 2021년 12월 30일

역   저 농선 대원 선사
펴 낸 곳 도서출판 문젠(Moonzen Press)
          11192, 경기도 포천시 내촌면 소리개길 86-178
          전화 031-534-3373 팩스 031-533-3387
신고번호 2010.11.24. 제2010-000004호

편집윤문출판 법심 최주희, 법운 정숙경
인디자인 전자출판 지일 박한재
한문원문대조 불장 곽병원
표 지 글 씨 춘성 박선옥
인   쇄 북크림

도서출판문젠 www.moonzenpress.com
정 맥 선 원 www.zenparadise.com
사막화방지국제연대(IUPD) www.iupd.org

ⓒ 문재현, 2021. Printed in Seoul, Republic of Korea
값 15,000원
ISBN 978-89-6870-627-1
ISBN 978-89-6870-600-4 04220(전30권)

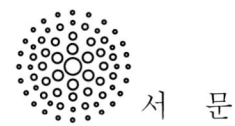 서 문

　전등록은 말 없는 말이며 말 밖의 말이라서 학식이나 재치만으로는 번역이 실로 불가능한 일이다. 그러기에 육조단경(六祖壇經)을 보면 법화경을 삼천 번이나 독송한 법달(法達)은 글 한 자 모르시는 육조(六祖)께 경의 뜻을 물었고, 글을 모르시는 육조께서는 법화경의 바른 뜻을 설파하셔서 법달을 깨닫게 하신 것이다.
　그런데 하루는 본인에게 법을 물으러 다니시던 부산의 목원 하상욱 본연님이 오셔서 시중에 나온 전등록 번역본 두세 가지를 보이시며 범인인 당신에게도 부처님과 조사님들의 본래 뜻에 맞지 않는 대문이 군데군데 눈에 뜨인다며 바른 의역의 필요성을 절감한다고 하셨다. 그 후로 전등록 번역을 바로 해주십사 하는 간청이 지극하여 비록 단문하나 이 일을 시작하게 되었다.
　부처님과 조사님들의 근본 뜻에 어긋남이 없게 하기 위해 노력하였으나 약속한 기간 내에 해내기란 실로 벅찬 일이어서 혹시 미비한 점이 없지 않으리니 강호 제현의 좋은 지적이 있기를 바란다.

불법(佛法)이란 본자연(本自然)이라 누가 설(說)하고 누가 듣고 배울 자리요만 그렇지 못한 이가 또한 있어서 부처님과 조사님들의 허물이 생기는 것이다.

어떤 것이 부처인고?
화분의 빨간 장미니라.

이 가운데 남전(南泉) 뜰꽃 도리(道理)며 한산(寒山) 습득(拾得)의 웃음을 누릴진저.

단기(檀紀) 4354년
불기(佛紀) 3048년
서기(西紀) 2021년

무등산인 농선 대원 분향근서
(無等山人 弄禪 大圓 焚香謹書)

양억(楊億)의 경덕전등록 서문

　석가모니께서 일찍이 연등 부처님의 수기를 받아, 현겁(賢劫)의 보처(補處)가 되어 이 땅에 탄강하시고 법을 펴서 교화하시기가 49년이었으니 방편과 진리, 돈오(頓悟)와 점수(漸修)의 문호를 여시고, 헤아릴 수 없이 많은 다양한 교법을 내려 주셨다.

　근기(根機)에 따라 진리를 깨닫게 하신 데서 삼승(三乘)의 차별이 생겼으니, 사물에 접하는 대로 중생을 이롭게 하여 한량없는 중생을 제도하셨다. 그 자비는 넓고 컸으며 그 법식(法式)은 두루 갖추어져 있었다.

　쌍림(雙林)에서 열반에 드실 때 가섭(迦葉)에게만 유촉하신 것이 차츰차츰 전하여 달마에 이르러서 비로소 문자를 세우지 않고 마음의 근원을 곧바로 보이게 되었으니, 차례를 밟지 않고 당장에 부처의 경지에 오르게 되어 다섯 잎[1]이 비로소 무성하고 천 개의 등불[2]이 더욱 찬란하여서, 보배 있는 곳에 이른 이는 더욱 많고, 법의 바퀴를 굴린 이도 하나가 아니었다.

　부처님께서 부촉하신 종지와 정법안장(正法眼藏)이 유통되는 도리는 교리 밖에서 따로 행해지는 불가사의(不可思議)한 것이다.

　태조(太祖)께서 거룩하신 무력으로 전란을 진압하신 뒤에 사찰을 숭상하여 제도의 문을 활짝 여셨고, 태종(太宗)께서 밝으신 변재로 비밀한 법을 찬술하시어 참된 이치를 높이셨으며, 황상(皇上)[3]께서 높으신 학덕으로 조사의 뜻을 이어 거룩한 가르침에 머릿말을 쓰셔 종풍(宗風)을 잇게 하시니, 구름 같은 문장이 진리의 하늘에 빛나고, 부처의 황금같은 설법

---

1) 다섯 잎 : 중국 선종의 2조 혜가로부터 6조 혜능에 이르는 다섯 조사를 말한다.
2) 천 개의 등불 : 중국에 선법(禪法)이 전해진 이후 등장한 수많은 견성도인들을 말한다.
3) 황상(皇上) : 송의 진종(眞宗)을 말한다.

이 깨달음의 동산에 펼쳐졌다.

대장경의 말씀에 비밀히 계합하고, 인도로부터의 법맥이 번창하니, 뭇 선행을 늘리는 이가 더욱 많아졌고, 요의(了義)[4]를 전하는 사람들이 간간이 나타나서 원돈(圓頓)의 교화가 이 지역에 퍼졌다.

이에 동오(東吳)의 승려인 도원(道原)이 선열(禪悅)의 경지에 마음을 모으고, 불법의 진리를 샅샅이 찾으며, 여러 세대의 조사 법맥을 찾고, 제방의 어록(語錄)을 모아 그 근원과 법맥에 차례를 달고, 말씀들을 차례차례 엮되, 과거 7불로부터 대법안(大法眼)의 문도에 이르기까지 무릇 52세대, 1,701인을 수록하여 30권으로 만들어 경덕전등록이라 하여 대궐로 가지고 와서 유포해 주기를 청하였다.

황상께서는 불법을 밖으로부터 보호하고자 하시고, 승려들의 부지런함을 가상히 여겨 마음가짐을 신중히 하고 생각을 원대히 하여 좌사간(左司諫) 지제고(知制誥) 양억(楊億)과 병부원외랑(兵部員外郎) 지제고(知制誥) 이유(李維)와 태상승(太常丞) 왕서(王曙) 등을 불러 교정케 하시니, 신(臣) 등은 우매하여 삼학(三學)[5]의 근본 뜻을 모르고 5성(五性)[6]의 방편에 어두우며, 훌륭한 번역 솜씨도 없고, 비야리 성에서 보인 유마 거사의 묵연(默然) 도리[7]에도 둔하건만 공손히 지엄하신 하명(下命)을 받들어 감히 끝내 사양하지 못하였다.

그 저술된 내용을 두루 살펴보면 대체로 진공(眞空)[8]으로써 근본을 삼고 있고, 옛 성인께서 도에 들던 인연을 서술할 때나 옛 사람이 진리를 깨달은 이야기를 표현할 때엔 근기와 인연의 계합함이 마치 활쏘기와 칼쓰

---

4) 요의(了義) : 일을 다 마친 도리, 깨달아서 깨달음마저 두지 않는 경지를 말한다.
5) 삼학(三學) : 계(戒), 정(定), 혜(慧).
6) 5성(五性) : 법상종의 용어. 일체중생의 근기를 다섯 성품으로 나누어서 성불할 근기와 성불하지 못할 근기로 나누었다.
7) 유마 거사의 묵연 도리 : 유마 거사가 비야리성에서 그를 문병하러 온 문수보살과 법담을 할 때 잠자코 말이 없음으로 불이(不二)의 도리를 드러내 보인 일을 말한다.
8) 진공(眞空) : 색(色)이니 공(空)이니를 초월해서 누리는 경지.

기가 알맞는 것 같아 지혜가 갖추어진 데서 광명을 내어, 채찍 그림자만 보고도 달리는 말과 같은 상근기자(上根機者)들에게 널리 도움이 되고 있다.

후학(後學)들을 인도함에는 현묘한 진리를 드날리고 있고, 다른 이야기를 가져올 때에는 출처를 밝히고 있으며, 다듬어지지 않은 부분도 많으나 훌륭한 부분도 찾아볼 수 있었다. 모든 대사들이 대중에게 도리를 보일 때에 한결같은 소리로 펼쳐 보이고 있으니 영특한 이가 귀를 기울여 듣는다면 무수한 성인들이 증명한다 할 것이다. 개괄해서 들추어도 그것이 바탕이어서 한군데만 취해도 그대로가 옳다.

만일 별달리 더 붓을 댄다면 그 돌아갈 뜻을 잃을 것이다. 중국과 인도에서의 말이 이미 다르지 않은데 자칫하면 구슬에다 무늬를 새기려다 보배에 흠집을 낼 우려가 있기에, 이런 종류는 모두 그대로 두었다. 더욱이 일은 실제로 행한 것만을 취해 기록하여 틀림없이 잘 서술했으나 말이란 오래도록 남아 전해지는 까닭에 전혀 문장을 다듬지 않을 수는 없었다.

어떤 사연을 기록할 때엔 그 자취를 자세히 하였고 말이 복잡해지거나 이야기가 저속한 것이 있으면 모두 삭제하되 문맥이 통하게 하였다.

유교(儒敎)의 대신이나 거사(居士)의 문답에 이르러 벼슬자리와 성씨가 드러난 이는 연대와 역사에 비추어 잘못을 밝히고, 사적(史籍)에 따라 틀린 점을 바로잡아 믿을 만한 전기가 되게 하였다.

만일 바늘을 던져 맞추듯 한 치의 어긋남 없이 도리를 밝히는 일이 아니거나, 번갯불이 치듯 빠른 기틀을 내보이는 일이 아니거나, 묘하게 밝은 참 마음을 보이는 일이 아니거나, 고(苦)와 공(空)의 깊은 이치를 조사(祖師)의 뜻 그대로 기술(記述)하는 일이 아니라면, 어떻게 등불을 전한다는 전등(傳燈)이라는 비유에 계합(契合)하는 그 극진한 공덕을 베풀 수 있었겠는가?

만일 감응(感應)한 징조만을 서술하거나 참문하고 행각한 자취만을 기록한다 할 것 같으면 이는 이미 승사(僧史)에 밝혀져 있는 것이니, 어째서 선가(禪家)의 말씀을 굳이 취하겠는가? 세대와 계보의 명칭을 남긴 것만이 아니라 스승과 제자가 이어지는 근거를 널리 기록하였다.

그러나 옛날 책에 실린 것을 보면 잘 다듬어지지 않은 내용을 수록하고 잘 다듬어진 것은 버린 일이 있는데, 다른 기록에 남아 있으면 해당하는 문장을 찾아 보완하고, 더욱 널리 찾아서 덧붙이기도 하였다. 또한 서문과 논설에 이르러 혹 옛 조사(祖師)의 문장이 아닌 것이 사이사이 섞이어 공연히 군소리가 되었으면 모두 간추려서 다 깎아버렸으니, 이같이 하여 1년 만에 일이 끝났다.

저희 신(臣)들은 성품과 식견이 우둔하고, 학문이 넓지 못하고, 기틀이 본래 얕고, 문장력은 부족하여 묘한 도리가 사람에게 달렸다고는 하나 마음에서 떠난 지 오래되고 깊은 진리를 나타내는 말이 세속에서 단절되어, 담벽을 마주한 듯 갑갑하게 지낸 적이 많았다. 과분하게도 추천해 주시는 은혜를 받았으나 아무 힘도 발휘하지 못했다. 편찬하는 일이 이미 끝났으므로 이를 임금님께 바친다. 그러나 임금님의 뜻에 맞지 않아, 임금님께서 거룩히 살펴보시는 데에 공연히 누만 끼치는 것이 아닌가 한다. 삼가 바친다.

한림학사조산대부행좌사간지제고동
수국사판사관사주국남양군개국후식읍
1천백호사자금어대신 양억 지음

景德傳燈錄序 昔釋迦文。以受然燈之夙記當賢劫之次補。降神演化四十九年。開權實頓漸之門。垂半滿偏圓之教。隨機悟理。爰有三乘之差。接物利生。乃度無邊之眾。其悲濟廣大矣。其軌式備具矣。而雙林入滅。獨顧於飲光。屈昫相傳。首從於達磨。不立文字直指心源。不踐楷梯徑登佛地。逮五葉而始盛。分千燈而益繁。達寶所者蓋多。轉法輪者非一。蓋大雄付囑之旨。正眼流通之道。教外別行不可思議者也。

聖宋啟運人靈幽贊。太祖以神武戡亂。而崇淨刹。闢度門。太宗以欽明禦辯。而述祕詮。暢真諦。皇上睿文繼志而序聖教繹宗風。煥雲章於義天。振金聲於覺苑。蓮藏之言密契。竺乾之緒克昌。殖眾善者滋多。傳了義者間出。圓頓之化流於區域。有東吳僧道原者。冥心禪悅。索隱空宗。披弈世之祖圖。采諸方之語錄。次序其源派。錯綜其辭句。由七佛以至大法眼之嗣。凡五十二世。一千七百一人。成三十卷。目之曰景德傳燈錄。詣闕奉進冀於流布。

皇上爲佛法之外護。嘉釋子之勤業。載懷慎重。思致悠久。乃詔翰林學士左司諫知制誥臣楊億。兵部員外郎知制誥臣李維。太常丞臣王曙等。同加刊削。俾之裁定。臣等昧三學之旨迷五性之方。乏臨川翻譯之能。懼毘邪語默之要。恭承嚴命。不敢牢讓。竊用探索匪遑寧居。考其論譔之意。蓋以真空爲本。將以述曩聖入道之因。標昔人契理之說。機緣交激。若拄於箭鋒。智藏發光。旁資於鞭影。

誘道後學。敷暢玄猷。而捃摭之來。徵引所出。糟粕多在。油素可尋。其有大士。示徒。以一音而開演。含靈聳聽。乃千聖之證明。屬概舉之是資。取少分而斯可。若乃別加潤色失其指歸。既非華竺之殊言。頗近錯雕之傷寶。如此之類悉仍其舊。況又事資紀實。必由於善敘。言以行遠。非可以無文。其有標錄事緣。縷詳軌跡。或辭條之紛糾。或言筌之猥俗。並從刊削。俾之綸貫。

至有儒臣居士之問答。爵位姓氏之著明。校歲歷以愆殊。約史籍而差謬。鹹用刪去。以資傳信。自非啟投針之玄趣。馳激電之迅機。開示妙明之真心。祖述苦空之深理。即何以契傳燈之喻。施刮膜之功。若乃但述感應之徵符。專敘參遊之轍跡。此已標於僧史。亦奚取於禪詮。聊存世系之名。庶紀師承之自然而舊錄所載。或掇粗而遺精。別集具存。當尋文而補闕。率加采擷。爰從附益。逮於序論之作。或非古德之文。問廁編聯徒增楦釀（楦釀二字出唐張燕公文集。謂冗長也）亦用簡別多所屏去。汔茲周歲方遂終篇。臣等性識媿於冥煩。學問慚於涉獵。天機素淺。文力無餘。妙道在人。雖劌心而斯久。玄言絕俗。固牆面以居多。濫膺推擇之私。靡著發揮之效。已克終於紬繹。將仰奉於清間。莫副宸襟空塵睿覽。謹上。

翰林學士朝散大夫行左司諫知制誥同
修國史判史館事柱國南陽郡開國侯食邑
一千百戶賜紫金魚袋臣楊億 撰

승려 희위(希渭)의 경덕전등록 재발간사

호주로(湖州路) 도량산(道場山) 호성만세선사(護聖萬歲禪寺)의 늙은 중 희위(希渭)는 본관이 경원로(慶元路) 창국주(昌國州)이며 성은 동(董)씨다.

어릴 때부터 고향의 성에 있는 관음선사(觀音禪寺)에 가서 절조(絶照) 화상을 스승으로 삼았고, 법명(法名)을 받게 되어 자계현(慈溪懸) 개수(開壽)의 보광선사(普光禪寺)에 가서 용원(龍源) 화상에 의해 머리를 깎고 중이 되었다.

그대로 오대율사(五臺律寺)로 가서 설애(雪涯) 화상에게 구족계를 받은 뒤에 짐을 꾸려 서쪽으로 향해 행각을 떠나 수행을 하다가 나중에 다시 은사이신 용원 화상을 만나 이 산으로 옮겨 왔다.

스승을 따라 배움에 참여하고 이로움을 구한 지 벌써 여러 해가 되었다. 항상 스승의 은혜를 생각하면서도 갚을 기회가 없었다. 그런데 삼가 윗대로부터의 부처와 조사들을 수록한 경덕전등록 30권을 보니 7불로부터 법안(法眼)의 법사(法嗣)에 이르기까지 전부 52세대(世代)인데, 경덕(景德)에서 연우(延祐) 병진년에 이르기까지 317년이나 지나서 옛 판본이 다 썩어버려 남아있지 않기 때문에 후학들이 보고 싶어도 볼 수가 없었다. 이에 발심하여 다시 간행한다.

홀연히 내 고향에 있는 천성선사(天聖禪寺)의 송려(松廬) 화상이 소장하고 있던, 여산(廬山)의 은암(隱庵)에서 찍은 옛 책이 가장 보존이 잘 된 상태로 입수되었는데, 아주 내 마음에 들었다. 마침내 병진(丙辰)년 정월 10일에 의발 등속을 모두 팔아 1만 2천여 냥을 얻었다. 그날 당장에 공인(工人)에게 간행할 것을 명하여 조사의 도리가 세상에 유포되게 하였다. 이 책은 모두 36만 7천 9백 17자이다. 그해 음력 12월 1일에야 공인의 작업이 끝났다.

당장에 300부를 인쇄하여 전당강(錢塘江) 남북지역과 안중(安衆)지역[9]의 여러 명산(名山)의 방장(方丈)[10]과 몽당(蒙堂)[11]과 여러 요사(寮舍)[12]에 한 부씩을 비치케 하여 온 세상의 도를 분변(分辨)하는 참선납자(參禪衲子)들이 참구하기에 편하도록 하였다. 이를 잘 이용하여 사은(四恩)[13]을 갚고 아울러 삼유(三有)의 중생[14]에게도 도움이 되기 바란다.

　　　　　　대원(大元) 연우(延祐) 3년[15] 음력 12월 1일
　　　　　　늙은 중 희위(希渭)가 삼가 쓰고
　　　　　　젊은 비구 문아(文雅)가 간행을 감독하고
　　　　　　주지 비구 사순(士洵)이 간행하다.

---

9) 두 지역은 희위 스님의 고향인 호주(湖州)와 비교적 인접한 지역들이다.
10) 방장(方丈) : 절의 주지가 거처하는 방. 지금은 견성한 이가 아니더라도 주지를 맡고 있으나 그 당시에는 견성한 도인이라야 그 절의 주지를 맡았다. 따라서 방장에는 대체로 법이 높은 스님이 기거하는 경우가 대부분이었다.
11) 몽당(蒙堂) : 승사(僧寺)의 일에서 물러난 사람이 거처하는 방.
12) 요사(寮舍) : 절에서 대중이 숙식하는 방.
13) 사은(四恩) : 보시(布施), 자애(慈愛), 화도(化導), 공환(共歡)의 네가지 시은(施恩), 또는 부모(父母), 중생(衆生), 국왕(國王), 삼보(三寶)의 네가지 지은(知恩).
14) 삼유(三有)의 중생 : 욕계(慾界), 색계(色界), 무색계(無色界)의 삼계(三界)를 유전하는 미혹한 중생.
15) 서기 1316년.

차 례

서 문 35
양억(楊億)의 경덕전등록 서문 37
승려 희위(希渭)의 경덕전등록 재발간사 42
일러두기 50

**세상에 드러나지는 않았으나 선문에 현달한 사람으로서 당시에
유명하던 열 사람** 51

금릉(金陵) 보지(寶誌) 선사 53
무주(婺州) 선혜(善慧) 대사 59
형악(衡嶽) 혜사(慧思) 선사 73
천태산(天台山) 수선사(修禪寺) 지자(智者) 지의(智顗) 선사 83
사주(泗州) 승가(僧伽) 대사 102
만회(萬迴) 법운공(法雲公) 106

천태(天台) 풍간(豊干) 선사　110
천태(天台) 한산자(寒山子)　115
천태(天台) 습득(拾得)　119
명주(明州) 봉화현(奉化縣) 포대(布袋) 화상　124

제방의 갖가지 이야기로 든 징(徵), 염(拈), 대(代), 별어(別語)　133

장폐마왕이 일어난 곳을 찾지 못하다　135
외도가 부처님께 묻다　138
긴나라왕이 무생악을 연주하다　141
계빈국왕이 칼을 잡고 사자존자에게 묻다　143
사주 탑두의 시자가 때가 되어 문을 잠그다　146
어떤 이가 승려에게 묻다　148
악보의 시자가 화상에게 말하다　150
무봉탑을 만들다　152
어떤 노파가 장경을 읽어 달라 청하다　154
지공이 혜사 대선사에게 말을 전하다　156
수산주가 취암 화상에게 묻다　158
어떤 승려가 노숙을 모시다　160
승조 법사가 환난을 당하다　163
속임 없는 힘　165
이고가 노숙이 혼자 앉아 있는 것을 보다　167
어떤 선객이 불전에 와서 부처님을 등지고 앉다　169
선월의 시　171

육통원의 승려가 나룻배를 타다 173
성승의 등상에 비가 새어 젖다 175
죽은 고기가 물 위에 뜨다 177
승려가 운대 흠 화상에게 묻다 179
강남의 국주가 노숙에게 묻다 181
남전 화상이 입적하다 183
풍연기가 종산을 유람하다 185
시주하는 부인이 나이만큼 돈을 보시하다 187
법등이 새로 온 승려에게 묻다 189
승려가 앙산에게 묻다 191
행자가 부처님께 침을 뱉다 193
감산주가 원통원에 이르다 195
어떤 승려가 명부에 들어가다 197
귀종 유 화상이 어떤 승려에게 말하다 199
유우가 선운거 화상에게 묻다 201
노파가 신통을 부리다 203
법안 화상이 젊은이에게 말하다 206
승려가 아미타경을 강의하는 강사에게 묻다 208
왕연빈이 초경원에 들어가다 210
망명이 손가락을 한 번 튕기다 212
날마다 향을 들어 불을 붙이다 215
운암의 원주가 석실을 다녀오다 217
염관 회상에서 일 보는 승려 219
노숙이 운암에 다녀오다 221

임제가 불자를 들다 223
민왕이 현사 화상을 나루터까지 전송하다 225
어떤 것이 밀실의 사람입니까? 227
법안 화상이 『백법론』을 강의하는 승려에게 묻다 229
문수가 부처님의 위신력으로 두 철위산으로 가게 되다 231
태녕원에서 제2좌에게 개당하기를 청하다 233
동산이 행각하다 234
법안 화상이 다리가 아프다 236
구봉 화상이 강서성에 들어가다 238
어떤 승려가 용아에게 묻다 240
하루 종일 어떻게 힘을 쓰리까? 242
승려가 고산에게 묻다 244
암주가 화통을 들다 246
초경 화상이 발우주머니를 들어 보이다 248
운문 화상이 나무사자의 입에다 손을 넣다 250
아미타불을 외우다 252
새매가 참새를 쫓다 254
오공 선사가 충 좌주에게 묻다 256
승려가 어떤 노숙에게 묻다 258
관리가 승려에게 묻다 260
왕이 사냥을 나오다 262
승려가 조주 화상을 하직하다 264
사주의 탑 앞에서 한 승려가 절을 하다 266
승려가 원통 화상에게 묻다 268

현각 화상이 비둘기 우는 소리를 듣다 270
보복의 승려가 지장 화상에게 가다 272
복주의 홍당교 위에 승려들이 늘어앉아 있다 274
어떤 사람이 승려에게 묻다 276
어떤 노숙이 승려에게 묻다 278
어떤 승려가 동자에게 경을 설하다 280
어떤 승려가 『도덕경』을 주석하다 282
운문 화상이 어떤 승려에게 묻다 284
법안 화상이 어떤 승려에게 묻다 286

색인표 289

부록1 농선 대원 선사님 인가 내력 299
부록2 농선 대원 선사님 법어 307
부록3 21세기에 인류가 해야 할 일 323
부록4 가슴으로 부르는 불심의 노래 327

일러두기

1. 대만에서 펴낸 『경덕전등록(景德傳燈錄)』(宋釋道原 編, 新文豐出版公司, 民國 75년, 1986년)에 의거해서 번역했으며 누락된 부분 없이 완역하였다.
2. 농선 대원 선사가 각 선사장마다 선리의 토끼뿔을 더하여 닦아 증득하는 데 도움이 되도록 하였다.
3. 뜻이 통하지 않는데도 오자가 아닐 때는 옛 한문 사전에서 그 조사 당시에 그 글자가 어떻게 쓰였는가를 찾아 번역하였다. 예를 들어 '還'자가 돌아올 '환'으로가 아니라 영위할 '영'으로 쓰여 뜻이 통한 경우에는 '영위하다' '누리다'로 의역하였다.
4. 선사들의 생몰연대는 여러 기록된 내용이 일치하지 않거나 미상으로 되어 있는 바가 많아, 각 선사 당시의 나라와 왕의 연대, 불교의 상황 등을 역사학자들이 전문적으로 연구하여 밝혀야 할 부분이 있기에, 이 책에서는 여러 자료와 연구 결과가 일치된 내용만을 주에서 표기하였다.
5. 첨가한 주의 내용은 불교에 대한 지식이 없는 이들도 선문답을 참구해 가는데 도움이 되도록 간략하게 달았으며, 주의 내용에 따라서는 사전적인 뜻보다는 선리(禪理)로서 그 뜻을 밝혀 마음에 비추어 참구할 수 있도록 하였다.

**세상에 드러나지는 않았으나 선문에 현달한
사람으로서 당시에 유명하던 열 사람**

금릉(金陵) 보지(寶誌) 선사

보지 선사는 금릉 사람으로 성은 주(朱)씨이다. 어려서 출가하여 도림사(道林寺)에서 선정을 익히다가 송(宋)의 태시(太始) 초엽(初葉)에 홀연히 나타나 일정한 장소가 없이 살고, 때 없이 음식을 먹었으며, 머리는 몇 치나 길렀고, 맨발로 주장자를 짚고, 주장자 끝에는 가위와 자, 구리거울을 달거나 혹은 한두 자 되는 비단을 달고 다녔다. 며칠씩 먹지 않아도 주린 빛이 없었으며, 때로는 노래를 부르는데 가사가 예언 같아서 선비나 서민이나 할 것 없이 모두 대사를 섬기게 되었다.

제(齊)의 건원(建元)때 무제(武帝)가 대중을 미혹하는 승려라 하여 건강(建康)의 옥에다 가두었는데, 이튿날 아침에 사람들이 거리에서 보았다기에 감옥을 검사하니 여전하였다.

金陵寶誌禪師。金陵人也。姓朱氏。少出家止道林寺修習禪定。宋太始初忽居止無定飲食無時。髮長數寸徒跣執錫杖。頭擐剪刀尺銅鑑。或掛一兩尺帛。數日不食無飢容。時或歌吟詞如讖記。士庶皆共事之。齊建元中[1]。武帝謂師惑眾收付建康獄。既旦人見其入市。及檢獄如故。

---

1) 建元中이 원나라본에는 永明七年으로 되어 있다.

건강의 군수가 사실을 아뢰니 황제가 궁중의 후당(後堂)으로 맞아들였다. 이때에 대사는 화림원(華林園)에 있었는데 하루는 홀연히 모자 셋을 겹쳐 썼는데 어디서 생겼는지 몰랐다.

얼마 후 예장왕(豫章王)과 문혜(文惠) 태자가 잇달아 죽자, 무제는 세상을 비관하였으며 제나라는 이것으로 망하였고, 이 까닭에 대사는 출입이 금지되었다.

양 고조(梁高祖)가 즉위하자 곧 조서를 내렸다.

"지공(誌公)의 자취는 비록 티끌 세상에 있으나 신통한 거동은 헤아릴 수 없어서 물과 불이 적시거나 태우지 못하고, 뱀과 범도 침노하지 못한다. 그는 부처의 진리로 말하자면 성문(聲聞)의 위요, 숨고 조신하는 것으로 말하자면 높은 선인이다. 어찌 세속 선비의 예사 감정이나 공한 형상으로 구속할 수 있으랴. 그런데 어찌하여 이토록 누를 끼치게 되었는가? 지금부터는 가두지 말라."

建康令以事聞。帝延於宮中之後堂。師在華林園忽一日重著三布帽。亦不知於何所得之。俄豫章王文惠太子相繼薨。武帝尋厭世。齊亦以此季矣。由是禁師出入。梁高祖即位下詔曰。誌公迹拘塵垢神遊冥寂。水火不能燋濡。蛇虎不能侵懼。語其佛理則聲聞以上。譚其隱淪則遯仙高者。豈以俗士常情空相拘制。何其鄙陋一至於此。自今勿得復禁。

어느 날 황제가 대사에게 물었다.

"제자가 번뇌에 미혹되었으니 어떻게 다스려야 되겠소?"

대사가 말하였다.

"12입니다."

지식으로 아는 이들은 12인연이 미혹을 고치는 약이란 말이라고 하였다.

또 12라는 뜻이 무엇인가를 물으니 대사가 말하였다.

"뜻은 글과 시절 시각의 번뇌 중에 있습니다."

지식으로 아는 이들은 글이 12시 가운데 있는 것이라고 하였다.

또 물었다.

"제자는 어느 때에 고요한 마음으로 닦아 익혀야겠습니까?"

대사가 대답하였다.

"안락함마저 금해야 하는 것입니다."

지식으로 아는 이들은 닦아 익히는 것마저 금하라는 것은 쉬라는 것이니, 지극히 안락하다는 것마저 곧 쉬어야 한다고 하였다.

帝一日問師曰。弟子煩惑何以治之。師曰。十二。識者以爲十二因緣治惑藥也。又問十二之旨。師曰。旨在書字時節刻漏中。識者以爲書之在十二時中。又問。弟子何時得靜心修習。師曰。安樂禁。識者以爲修習禁者止也。至安樂時乃止耳。

또 대승찬(大乘贊) 24수를 지었는데 세상에 널리 퍼졌다.[2]

천감(天監) 13년 겨울 임종할 시기가 되자 홀연히 대중에게 절 안에 있는 금강신(金剛神)을 밖으로 내다 놓으라 하고, 비밀히 다른 사람에게 보살은 곧 떠난다고 하더니, 열흘도 못 되어 병 없이 떠났는데 온몸이 향기롭고 부드러웠다. 임종하기 직전에 촛불 하나를 켜서 합사인(閤舍人)인 오경(吳慶)에게 뒷일을 당부했는데, 오경이 이 일을 위에 아뢰니 황제가 탄식하면서 말하였다.

"대사는 더 머물지 않겠구나. 촛불을 준 뜻은 나에게 뒷일을 부탁한 것이다."

그리하여 종산(鍾山)의 독용부(獨龍阜)에다 후하게 장사를 지내고, 이어 거기에다 개선정사(開善精舍)를 지었다.

又製大乘贊二十四首盛行於世(餘諸辭句與夫禪宗旨趣冥會。略錄十首及師製十二時頌編於別卷)。天監十三年冬將卒。忽告眾僧令移寺金剛神像出置於外。乃密謂人曰。菩薩將去。未及旬日無疾而終。舉體香軟。臨亡然一燭以付後閤舍人吳慶。慶以事聞。帝歎曰。大師不復留矣。燭者將以後事囑我乎。因厚禮葬於鍾山獨龍阜。仍立開善精舍。

---

2) 그 밖에 다른 어록과 선종지취명회약록(禪宗旨趣冥會略錄) 10수와 12시송(時頌)은 별록(別錄)에 수록한다.

그리고는 육수(陸倕)에게 명하여 무덤 안에 넣을 글을 짓게 하고, 왕균(王筠)이 절 문 앞에다 비를 세우니 곳곳에 대사의 영정을 모시게 되었다.

대사가 처음 세상에 알려질 때에는 5,60세였는데, 임종할 때까지 늙지 않으므로 사람들은 그의 나이를 헤아리지 못하였다. 이때에 서첩도자(徐捷道者)라는 이가 있어 나이가 93세였는데, 자기가 대사의 외사촌 동생이라 하였고 대사보다 4년이 아래라 했으니, 대사가 죽은 해를 헤아리건대 97세였다. 칙명으로 시호를 묘각 대사(妙覺大師)라 하였다.

勅陸倕製銘於塚內。王筠勒碑於寺門。處處傳其遺像焉。初師顯迹之始年可五六十許。及終亦不老。人莫測其年。有徐捷道者。年九十三。自言是誌外舅弟小誌四年。計師亡時蓋年九十七矣。勅諡妙覺大師。

토끼뿔

주장자 끝 거울과 비단이여
뉘라서 그 깊은 뜻 알아볼꼬
삼처전심 밝은 분 아니고야

무주(婺州) 선혜(善慧) 대사

선혜 대사는 무주(婺州) 의오현(義烏縣) 사람이다. 제(齊)의 건무(建武) 4년 정축(丁丑) 5월 8일에 쌍림향(雙林鄉) 부선자(傅宣慈)의 집에 태어나니 본명은 흡(翕)이었다.

양(梁)의 천감(天監) 11년에 나이 16세로 유(劉)씨의 딸, 묘광(妙光)에게 장가를 들어 보건(普建)과 보성(普成) 두 아들을 낳았다. 24세에 마을 사람들과 계정포(稽亭浦)에서 고기를 잡아서 그 광주리를 물에 담그고 축원하기를 "가려면 가고 머무르려면 머무르라."고 하니 사람들이 바보라고 하였다.

때마침 천축의 승려 달마(達磨)[3]라는 이가 있었는데 대사(大士)에게 말하였다.

婺州善慧大士者。婺州義烏縣人也。齊建武四年丁丑五月八日降於雙林鄉傅宣慈家本名翕。梁天監十一年。年十六納劉氏女名妙光。生普建普成二子。二十四與里人稽亭浦漉魚。獲已沈籠水中祝曰。去者適止者留。人或謂之愚。會有天竺僧達磨(時謂嵩頭陀)曰。

---

3) 당시에 숭두타(嵩頭陀)라고 불렀다. (원주)

"나는 그대와 함께 비바시불(毗婆尸佛)의 처소에 있을 때 서원을 세웠는데 지금도 도솔천궁에 의발이 남아 있다. 언제 돌아가겠는가?"

그리고는 물가에 가서 그림자를 보라고 하니, 대사의 원광(圓光)과 보개(寶蓋)⁴⁾가 드러났다. 대사가 웃으면서 말하였다.

"풀무가 있는 곳에 못 쓰는 쇠가 많고, 훌륭한 의원의 문턱에 병자가 끓는다. 중생을 제도하는 일이 급하거늘 어찌 그런 즐거움에 연연하리오."

이에 달마가 송산(松山) 마루턱을 가리키면서 말하기를 "저기가 살만 하겠다."라고 하니, 대사는 그곳에서 몸소 밭을 갈면서 살았다. 그리고는 게송 하나를 지었다.

我與汝毘婆尸佛所發誓。今兜率宮衣鉢見在。何日當還。因命臨水觀其影。見大士圓光寶蓋。大士笑謂之曰。鑪韛⁵⁾之所多鈍鐵。良醫之門足病人。度生爲急何思彼樂乎。嵩指松山頂曰。此可棲矣。大士躬耕而居之。乃說一偈曰。

---

4) 보개(寶蓋) : 불상의 머리 위를 가리는 보배구슬로 만든 장식.
5) 韛가 송, 원나라본에는 鞴로 되어 있다.

빈〔空〕 손에 호미를 잡고
걸으면서 물소를 타네
사람이 다리 위를 지나니
다리는 흐르건만 물은 흐르지 않네

 어떤 사람이 콩, 보리, 외, 과일 따위를 훔치러 오면 대사는 얼른 광주리에다 담아 주었고, 날마다 낮에는 일을 하고 밤에는 도를 닦았는데, 석가(釋迦), 금속(金粟), 정광(定光) 등 세 부처님이 광명을 놓아 그 몸을 비추는 것을 보고 대사는 말하였다.
 "나는 수능엄정(首楞嚴定)을 얻었으니 집과 전답을 팔아서 무차대회(無遮大會)[6]를 열리라."

空手把鋤頭
步行騎水牛
人從橋上過
橋流水不流
有人盜菽麥瓜果。大士即與籃籠盛去。日常傭作夜則行道。見釋迦金粟定光三如來放光襲其體。大士乃曰。我得首楞嚴定。當捨田宅設無遮大會。

---

6) 무차대회(無遮大會) : 승속(僧俗)이나 귀천, 상하를 막론하고 평등하게 재물 보시와 법 보시를 행하고, 법문을 듣고 서로 질문하며 배우는 법회.

그리고는 대통(大通) 2년에 처자를 팔아서 돈 5만냥을 얻어 법회를 열었다. 이때에 혜집(慧集) 법사라는 이가 대사의 법문에 깨달음을 얻고 말하였다.

"나의 스승은 미륵의 후신이시다."

대사는 이 말이 대중을 홀릴까 걱정되어 꾸짖었다.

대통 6년 정월 28일에 제자 부왕(傅盱)을 시켜 양 고조(梁高祖)에게 글을 보내 말하였다.

"쌍림수하(雙林樹下) 당래해탈(當來解脫) 선혜 대사(善慧大士)는 삼가 국주(國主) 구세보살(救世菩薩)에게 아뢰나이다. 이제 상·중·하의 선(善)을 가리고자 하니 잘 받아 지니시기 바랍니다.

상선은 요약해서 빈 마음을 근본으로 삼고, 집착 없음을 종(宗)으로 삼아, 상없음을 인하여 열반과를 이룹니다.

大通二年唱賣妻子獲錢五萬以營法會。時有慧集法師聞法悟解。言我師彌勒應身耳。大士恐惑眾遂呵之。六年正月二十八日遣弟子傅盱致書於梁高祖。書曰。雙林樹下當來解脫善慧大士。白國主救世菩薩。今欲條上中下善。希能受持。其上善略以虛懷為本。不著為宗。亡相為因。涅槃為果。

중선은 요약해서 몸을 다스리는 것을 근본으로 삼고, 나라를 다스리는 것을 종(宗)으로 삼아서, 천상과 인간의 안락한 과보를 받는 것입니다.

하선은 요약해서 뭇 생명을 보호하여 잔인함을 이기고, 살생을 버려 온 백성이 모두가 육재(六齋)[7]를 지키게 하는 것입니다.

이제 듣건대 황제께서는 불법을 숭상하신다 하기에 속에 든 말씀을 아뢰고자 하였으나 겨를이 없었기에 이제 제자 부왕을 시켜 글월을 올리나이다."

부왕이 태악령(太樂令)[8]인 하창(何昌)에게 전하니 하창이 말하였다.

"혜약(慧約) 국사 같은 분도 자신의 의향을 올리지 않는데 흡(翕)은 평민이요, 또 장로(長老)도 아니면서 겸손하지 못하게 어찌 감히 글월을 바치는가?"

其中善略以治身爲本。治國爲宗。天上人間果報安樂。其下善略以護養眾生勝殘去殺。普令百姓俱稟六齋。今聞皇帝崇法欲伸論義。未遂襟懷故。遣弟子傅眰告白。眰投太樂令何昌。昌曰。慧約國師猶復置啟。翕是國民又非長老。殊不謙卑豈敢呈達。

---

7) 육재(六齋) : 한 달 가운데 몸을 조심하고 마음을 깨끗이 하여 계행을 지키는 여섯 날. 음력 매월 8·14·15·23·29·30일.
8) 태악령(太樂令) : 관직 이름.

이에 부왕이 대궐 앞길에서 팔 하나를 태우니, 하창이 동태사(同泰寺)로 달려가서 이 일을 호법사(皓法師)에게 물었다. 호법사가 속히 전달하라고 권하니 2월 22일에야 글을 전달하였다. 황제가 이를 보고 급히 조서를 보내 맞아들였다. 대사가 황제에게 이르니, 황제가 물었다.

"본래 누구를 스승으로 섬기었소?"

대사가 말하였다.

"비롯해서는 비롯한 바가 없고 와서는 온 바가 없습니다. 스승을 섬긴 것도 그렇습니다."

소명(昭明) 태자가 물었다.

"대사는 어째서 뜻으로 논하지 않습니까?"

대사가 말하였다.

"보살의 말하는 바는 길지도 짧지도 않고, 넓지도 좁지도 않으며, 끝이 있지도 없지도 않아서 여여한 바른 진리일 뿐이거늘 또 무슨 말이 있겠습니까?"

眭燒手御路。昌乃馳往同泰寺詢皓法師。皓勸速呈。二月二十二日進書。帝覽之遽遣詔迎。既至帝問。從來師事誰耶。曰從無所從來無所來師事亦爾。昭明問。大士何不論義。曰菩薩所說非長非短非廣非狹非有邊非無邊如如正理復有何言。

황제가 또 물었다.
"무엇이 참된 진리입니까?"
대사가 말하였다.
"쉬었으나 멸함은 없습니다."
"쉬었으나 멸함이 없다면 이는 색이 있는 것이요, 색이 있다면 어리석은 것입니다. 만일 그렇다면 거사는 속된 무리를 면하지 못하겠습니다."
"재물에 임하여도 얻으려 애쓰지 않고, 어려움을 당하여도 면하려 애쓰지 않습니다."
황제가 말하였다.
"대사는 예절을 잘 아시는구려."
"모든 법은 있지도 없지도 않습니다."
"거사께서 가르치신 것을 삼가 받들겠나이다."
"삼천대천세계에 있는 온갖 색상(色象)은 모두가 '공'으로 돌아가지 않음이 없습니다."

帝又問。何為眞諦。曰息而不滅。帝曰。若息而不滅此則有色。有色故鈍。若如是者居士不免流俗。曰臨財無苟得臨難無苟免。帝曰。居士大識禮。曰一切諸法不有不無。帝曰。謹受居士來旨。曰大千世界所有色象莫不歸空。

모든 냇물은 흘러들어 바다를 벗어날 수 없듯이, 무량한 묘법은 진여를 벗어날 수 없거늘, 여래께서는 왜 삼계의 96종류 외도의 도리 가운데에서 홀로 벗어나 존귀하다 하셨겠습니까? 일체 중생 보기를 갓난아기같이 하시고 자기의 몸과 같이 하시기 때문입니다. 도가 없으면 천하가 불안하니 이치가 아니면 즐기지 않습니다."

황제가 잠자코 있으니 대사는 하직하고 물러갔다.

다른 날 황제가 수광전(壽光殿)에서 지공(誌公)을 청해 『금강경』을 강의해 달라 하니, 지공이 말하였다.

"대사라야 할 수 있습니다."

황제가 대사에게 청하니 대사가 자리에 올라 박판(拍板)[9]을 잡고 경을 소리 높여 읊고는 49수의 게송을 지었다.

百川叢注不過於海。無量妙法不出眞如。如來何故於三界九十六道中獨超其最。視一切眾生有若赤子有若自身。天下非道不安非理不樂。帝默然。大士辭退。異日帝於壽光殿請誌公講金剛經。誌公曰。大士能耳。帝請大士。大士登座。執拍板唱經成四十九頌。

---

9) 박판(拍板) : 박자를 맞추기 위하여 치는 납작한 나무판.

대동(大同) 5년에 자기 집을 버리고 송산 밑에다 절을 짓겠다 아뢰고, 두 그루의 나무에 의지하여 절을 지으니 쌍림사(雙林寺)라 하였다. 그 나무가 서로 엉켜 있었는데 상서로운 구름이 감쌌으며 두 마리의 학이 와서 깃들었다.

 태청(太淸) 2년에 대사는 음식을 받지 않고 맹세코 부처님의 생신날을 택해 몸을 태워 공양하리라 하였다. 그날이 되자 승속 60여 명이 먹지 않고 대신 몸을 태우고, 3백여 명이 가슴을 찔러 피를 뽑아 향에다 개어서 대사에게 세상에 더 계시기를 청하니, 대사는 그들을 가엾이 여기어 승락하였다.

 승성(承聖) 3년에 다시 집안 살림을 팔아서 중생을 위하여 삼보께 공양하고, 이어 게송을 말하였다.

 大同五年奏捨宅於松山下因雙檮樹而創寺。名曰雙林。其樹連理祥煙周繞。有雙鶴棲止。太淸二年大士誓不食。取佛生日焚身供養。至日白黑六十餘人代不食燒身。三百人刺心瀝血和香。請大士住世。大士愍而從之。承聖三年復捨家資爲眾生供養三寶。而說偈曰。

살림을 다 보시함은 중생을 위하고
거룩한 부처님께 공양하기 위한 것이니
바라건대 끝없는 감로의 비를 내려서
가없는 중생세계를 널리 적셔 주소서

진(陳)의 천가(天嘉) 2년 대사가 송산 마루턱에 줄지어 서 있는 나무를 돌면서 도를 닦으니, 7불이 감응하여 뒤를 따랐는데 석가가 앞을 이끌고 유마가 뒤를 따랐다.

이때 석존만이 자주 돌아보면서 "나의 보처(補處)[10]다."라고 하였는데, 홀연히 그 산에 노란 구름이 일어 일산같이 서리었다. 이에 사람들이 운황산(雲黃山)이라 불렀다.

傾捨爲群品
奉供天中天
仰祈甘露雨
流澍普無邊
陳天嘉二年大士於松山頂遶連理樹行道。感七佛相隨。釋迦引前維摩接後。唯釋尊數顧共語。爲我補處也。其山忽起黃雲盤旋若蓋。因號雲黃山。

---

10) 보처(補處) : 이전 부처님께서 입멸하신 뒤에 성불하여 그 빈 자리를 보충하는 분.

이때 혜화(慧和) 법사라는 이가 있다가 병 없이 떠났고, 숭두타는 가산(柯山)의 영암사(靈岩寺)에서 입멸했는데, 대사는 멀리서 알고 말하였다.

"숭공(嵩公)이 도솔천에서 나를 기다리니 오래 머무를 수 없다."

이때는 주변에 있는 나무들이 바야흐로 무성하여 열매를 맺으려던 때였는데 갑자기 모두가 말라죽어 버렸다. 진(陳)의 태건(太建) 원년 기축(己丑) 4월 24일에 대중에게 보였다.

"이 몸은 극히 더러운 것이고 뭇 고통이 모인 것이니, 모름지기 세 가지 업을 삼가하고 육바라밀을 애써 닦아라. 만일 지옥에 떨어지면 끝내 벗어날 수 없으니 항상 참회하라."

또 말하였다.

"내가 떠난 뒤에 절대로 침상(寢床)을 옮기지 말라. 7일만에 법맹상인(法猛上人)이라는 이가 등상과 석종(石鍾)[11]을 이리 가지고 오리라."

時有慧和法師不疾而終。嵩頭陀於柯山靈巖寺入滅。大士懸知曰。嵩公兜率待我。決不可久留也。時四側華木方當秀實欻然枯悴。陳太建元年己丑四月二十四日示眾曰。此身甚可厭惡眾苦所集。須慎三業精勤六度。若墜地獄卒難得脫。常須懺悔。又曰。吾去已不得移寢床。七日有法猛上人。持像及鍾來鎮於此。

---

11) 석종(石鍾) : 이름난 승려의 사리를 넣어 두기 위하여 종 모양으로 만든 부도.

제자들이 물었다.

"멸도하신 뒤에 몸은 어찌하리까?"

대사가 말하였다.

"산봉우리에서 태워라."

"태워지지 않을 때에는 어찌 합니까?"

"행여라도 관에다 거두지 말고, 그저 벽돌로 단을 쌓아 시체를 그 위에다 옮기고 병풍을 두른 뒤에 붉은 비단을 그 위에 덮어라. 그리고 위에는 부도를 세우고 미륵의 등상을 그 밑에 모시도록 하여라."

또 물었다.

"부처님들께서 열반에 드실 때에는 모두가 공덕을 말씀하셨으니 스승님의 행적을 들려 주십시오."

"나는 넷째 하늘에서 왔는데 그대들을 제도하기 위해서 석가의 다음 보처가 되었다. 그리고 부보민(傅普敏)은 문수요, 혜집(慧集)은 관음이요, 하창(何昌)은 아난인데 함께 와서 나를 도왔다.

弟子問。滅後形體若為。曰山頂焚之。又問。不遂何如。曰慎勿棺斂。但壘甓作壇移屍於上。屏風周繞絳紗覆之。上建浮圖以彌勒像處其下。又問。諸佛涅槃時皆說功德。師之發迹可得聞乎。曰我從第四天來為度汝等。次補釋迦。及傅普敏文殊。慧集觀音。何昌阿難。同來贊助。

그러므로 『대품경(大品經)』에 이르기를 '어떤 보살이 도솔천에서 와서 모든 감관에 밝고 밝은 지혜로 응하리라.'고 하였는데 바로 이 몸이다."

말을 마치자 가부좌를 맺고 임종하니, 수명은 73세였다. 그러자 과연 맹사(猛師)가 수놓은 미륵상과 구유종(九乳鐘)을 가지고 와서 모셔 놓았는데, 그리고는 이내 보이지 않았다. 대사의 도구 10여 가지가 아직도 남아 있다.

진(晉)의 천복(天福) 9년 갑진(甲辰) 6월 17일에 전왕(錢王)이 사자를 보내 탑을 열고, 자금색(紫金色)의 영골(靈骨) 16편과 도구를 고을 남쪽에 있는 용산(龍山)으로 가져다가 용화사(龍華寺)를 짓고 봉안하였다. 그리고는 영골로 그의 등상을 빚었다.

故大品經云。有菩薩從兜率來。諸根猛利疾與般若相應。即吾身是也。言訖趺坐而終。壽七十有三。尋猛師果將到織成彌勒像及九乳鐘留鎮之。須臾不見。大士道具十餘事見在。晉天福九年甲辰六月十七日錢王遣使發塔。取靈骨一十六片紫金色及道具。至府城南龍山建龍華寺實之。仍以靈骨塑其像。

 토끼뿔

석가는 출가에서 보였고
선혜는 재가에서 보임이여
삼삼은 뒤집어도 아홉일세

형악(衡嶽) 혜사(慧思) 선사

혜사 선사는 무진(武津) 사람으로 성은 이(李)씨이다. 정수리에 육계(肉髻)[12]가 있고 소걸음에 코끼리 거동을 하였는데 어릴 때부터 인자하기로 마을에 알려졌다.

일찍이 꿈을 꿨는데 어느 범승(梵僧)이 출가하라 권하기에 바로 부모를 하직하고 불도에 들어왔다. 구족계를 받은 뒤에는 항상 앉아서 익히고, 하루에 한 끼니만을 먹고, 『법화경(法華經)』을 비롯한 여러 경을 천 번 읽었다. 또 『묘승정경(妙勝定經)』을 열람하다가 선나(禪那)의 공덕을 찬탄하고 발심하여 도반을 찾아 나섰다.

衡嶽慧思禪師。武津人也。姓李氏。頂有肉髻牛行象視。少以慈恕聞於閭里。嘗夢梵僧勸出俗。乃辭親入道。及稟具常習坐日唯一食。誦法華等經滿千遍。又閱妙勝定經歎禪那功德。遂發心尋友。

---

12) 육계(肉髻) : 정수리에 솟은 상투 모양의 살덩이.

이때에 혜문(慧聞) 선사에게 수백 명의 무리가 있었는데[13] 거기에 가서 법을 배웠다. 밤낮을 가리지 않고 마음을 거두어 잡아 여름 안거를 시작한 지 21일 만에 숙지통(宿智通)을 얻었다. 이에 더욱 정진하였는데 갑자기 장애가 생겨 사지가 나른하여 걸음을 걸을 수가 없었다.

그래서 스스로 이렇게 생각하였다.

'병은 업에서 나고 업은 마음에서 일어나는데 마음의 근원에는 일어나는 것이 없거늘 바깥 경계가 어찌 존재하랴. 병과 업과 몸이 모두 구름과 그림자 같다.'

이와 같이 관하고 나니 뒤바뀐 생각이 사라지고 전과 같이 개운하였다.

時慧聞禪師有徒數百(聞禪師始因背手探藏。得中觀論發明禪理。此論即西天第十四祖龍樹大士所造。遂遙稟龍樹)乃往受法。晝夜攝心。坐夏經三七日獲宿智通。倍加勇猛。尋有障起。四支緩弱不能行步。自念曰。病從業生。業由心起。心源無起外境何狀。病業與身都如雲影。如是觀已顛倒想滅輕安如故。

---

13) 혜문 선사는 처음에 장경을 더듬어 보다가 『중관론(中觀論)』을 얻어 선의 이치를 발견했으니, 이는 인도의 제14조 용수(龍樹) 대사가 지은 것이었다. 그러므로 멀리 용수의 대를 이었다. (원주)

여름을 지내고 나도 아무 얻은 바가 없으므로 매우 부끄럽게 생각하여 몸을 벽에다 벌렁 던졌는데, 등이 벽에 닿기 전에 활짝 깨달았다. 법화삼매(法華三昧)의 최상승문(最上乘門)을 한 생각에 밝게 깨달아 참구와 연마를 더욱 오래 계속하니, 앞서 나타난 경지가 더욱 깊어지고 덕망이 멀리 퍼져서 학자들이 날마다 모여들었다.

그들을 격려하기를 게을리하지 않고 기틀에 응해주는 것이 다양하였으니, 대소승과 정혜 등의 법으로 근기를 따라 이끌어 자비, 인욕의 행을 닦게 하고, 보살의 삼취정계(三聚淨戒)[14]를 받들어 행하게 하였다. 의복은 모두가 베로 지었고 정히 추우면 쑥솜을 더 두었다.

북제(北齊)의 천보(天保) 때에 무리를 이끌고 남쪽으로 가다가 양효원(梁孝元)의 난을 만나 잠시 대소산(大蘇山)에 멈추니, 목숨을 가벼이 여기고 법을 중히 여기는 이들이 앞을 다투어 위험을 무릅쓰고 모여들어 산림(山林)을 메웠다.

夏滿猶無所得。深懷慚愧放身倚壁。背未至間豁爾開悟。法華三昧最上乘門一念明達硏練逾久前觀轉增。名行遠聞學侶日至。激勵無倦機感寔繁。乃以大小乘定慧等法隨根引喩。俾習慈忍行奉菩薩三聚戒。衣服率用布。寒則加之以艾。以北齊天保中領徒南邁。値梁孝元之亂。權止大蘇山。輕生重法者相與冒險而至塡聚山林。

---

14) 삼취정계(三聚淨戒) : 대승불교에서 보살의 계법에 대한 총칭. 섭률의계(攝律儀戒) · 섭선법계(攝善法戒) · 섭중생계(攝衆生戒).

이에 대사가 대중에게 보이고 말하였다.

"도의 근원은 멀지 않고 성품의 바다는 먼 곳에 있지 않다. 다만 자신에게서 구할지언정 다른 곳에서 찾지 말라. 찾으면 얻지 못할 것이요, 얻었다 하면 참되지 못하다."

그리고는 게송을 읊었다.

마음 근원 깨달아 보배 창고 열리면
은현(隱顯)[15]인 영통(靈通)한 진상(眞相)의 나툼이라
홀로 앉고 홀로 다녀 언제나 당당한
백억화신(百億化身) 그 수효를 셀 수가 없다네
허공을 가득히 메웠다 하여도
보려 하면 티끌만한 상도 볼 수가 없다네

師示眾曰。道源不遠性海非遙。但向己求莫從他覓。覓即不得得亦不真。偈曰。
　頓悟心源開寶藏
　隱顯靈通現真相
　獨行獨坐常巍巍
　百億化身無數量
　縱令偪塞滿虛空
　看時不見微塵相

---

15) 은현(隱顯) : 때로는 드러나고 때로는 흔적마저 없음을 말하는 단어.

우습구나 무엇에도 비할 수 없건만
입에서 뿜는 구슬 광체가 밝고 밝네
언제나 보고 말함 부사의 하여서
한마디 표명한 말끝에 드러나네

또 게송을 말하였다.

하늘이 덮지 못하고 땅이 싣지 못하며
가고 옴이 없으며 막힘도 없다네
길지도 짧지도 푸르지도 누렇지도 않으며
중간도 없고 안팎도 없다네

可笑物兮無比況
口吐明珠光晃晃
尋常見說不思議
一語標名言下當
又偈曰
天不能蓋地不載
無去無來無障礙
無長無短無青黃
不在中間及內外

무리에서 벗어나 태허(太虛)처럼 부사의해
　물건을 가리켜 마음을 전하나
　사람들이 이를 알지 못하네

그 밖에도 물음에 따라 응답하였고, 도속(道俗)이 시주한 것들을 가지고 금자(金字)『반야경』과『법화경』을 만들었다.

이때에 대중들이 대사에게 두 가지 경을 강의해 주기를 청하니 글을 따라 해석을 내리고, 다시 문인인 지의(智顗)에게 대신 강의하도록 했는데, 온통인 마음〔一心〕에 만행(萬行)이 갖추어져 있다는 곳에 이르러 의심이 나서 물으니, 대사가 말하였다.

"그대가 의심하고 있는 곳은 대품(大品)¹⁶⁾의 차례를 짓는 뜻일 뿐이요, 법화의 원돈종지(圓頓宗旨)는 아니다.

　超群出眾太虛玄
　指物傳心人不會
　其他隨叩而應。以道俗所施造金字般若法華經。時眾請師講二經。隨文發解。復命門人智顗代講。至一心具萬行有疑請決。師曰。汝所疑乃大品次第意耳。未是法華圓頓旨也。

---

16) 대품(大品) :『대품반야경』을 말함.

나는 지난여름 한 생각에 모든 법이 단번에 열려 눈앞에 드러났으니, 몸소 증득하여 다시는 의심하지 않게 되었다."

지의가 『법화경』을 받들고 수행함을 물은 지 21일 만에 깨달음을 얻었다.[17]

진(陳)의 광대(光大) 6년 6월 23일에 대소산에서 40여 명의 대중을 이끌고 남악(南嶽)을 향해 질러가다가 말하였다.

"내가 이 산에 10년은 있게 될 것이요, 그 뒤에는 필연코 일이 있어 먼 길을 떠날 것이다. 나의 전생 몸도 여기를 지나간 일이 있다."

얼마 후 형양(衡陽)에 이르러 숲과 못이 수승하고 뛰어난 곳을 만났는데, 대사가 말하였다.

吾昔於夏中一念頓發諸法見前。吾旣身證不勞致疑。顗卽諮受法華行三七日得悟(顗卽天台敎主智者大師。如下章出焉)。陳光大六[18]年六月二十三日自大蘇山將四十餘僧徑趣南嶽乃曰。吾寄此山止期十載。已後必事遠遊。吾前身曾履此處。巡至衡陽値一處林泉勝異。師曰。

---

17) 지의(智顗)는 곧 천태종의 교주인 지자(智者) 대사이니, 다음장에 수록되어 있다. (원주)
18) 六이 원나라본에는 元으로 되어 있다.

"이는 옛 절이다. 내가 여기에 살았었다."

그리하여 땅을 파게 하니 묵은 터가 역력하였다. 또 바위 밑을 가리키면서 말하였다.

"내가 여기서 좌선을 하는데 도적이 나의 목을 베었었다."

그리고는 그 곁에서 마른 뼈다귀 한 무더기를 얻었다. 이로부터 대사의 도의 덕화가 더욱 널리 퍼지니, 진주(陳主)가 자주 초청해서 위로하고 공양하였으며 대선사(大禪師)라 불렀다.

세상을 떠나려 할 때에 문인들에게 말하였다.

"단 열 사람만이라도 생명을 아끼지 않고 항상 법화(法華)[19], 반주(般舟)[20], 염불삼매(念佛三昧)[21]나 방등참회(方等懺悔)[22]를 닦아 증득하기를 바라는 이가 있다면 나는 그들이 필요한 것을 무엇이나 다 줄 것이다. 만일 그런 사람이 없으면 나는 멀리 떠나리라."

此古寺也。吾昔曾居俾掘之基址猶存。又指巖下曰。吾此坐禪賊斬吾首。尋得枯骸一聚。自此化道彌盛。陳主屢致慰勞供養目為大禪師。將欲順世謂門人曰。若有十人不惜身命。常修法華般舟念佛三昧方等懺悔期於見證者。隨有所須吾自供給。如無此人吾即遠去矣。

---

19) 법화(法華) : 묘한 이치를 깨달아 중도를 막는 무명을 제한 것.
20) 반주(般舟) : 일정 기간 동안 삼업(三業)을 닦아 정행을 하는 것.
21) 염불삼매(念佛三昧) : 일심으로 법신의 실상을 관하는 것.
22) 방등참회(方等懺悔) : 죄업을 참회하며 행법을 되풀이하는 수행법으로 의례 규정이 엄격하다.

이때에 대중들이 고행은 어려운 일이라 하여 아무도 대답하지 않으니 대사는 무리를 물리치고 조용히 떠났다.

이에 소사(小師)인 운변(雲辯)이 울부짖으니 대사가 눈을 뜨고 말하였다.

"너는 악마다. 내가 떠나려는데 왜 시끄럽게 해서 방해하는가? 어리석은 사람아, 나가라."

말을 마치고는 영원히 떠나니, 이때에 이상한 향기가 방안에 가득하였고, 정수리는 따뜻하고 몸은 부드러웠으며, 얼굴빛은 평상시와 같았다. 때는 태건(太建) 9년 6월 22일이었으며, 수명은 64세였다.

대개 저술을 할 때에는 모두 입으로 읊어 주었는데, 지우고 고쳐 바로 잡은 것이 없으니, 『42자문(字門)』 2권과 『무쟁행문(無諍行門)』 2권과 『석론현(釋論玄)』, 『수자의(隨自意)』, 『안락행차제(安樂行次第)』, 『선요(禪要)』, 『삼지관문(三智觀門)』 등 5부의 각 1권들이 모두 세상에 퍼져 있다.

時眾以苦行事難無有答者。師乃屏眾泯然而逝。小師雲辯號叫。師開目曰。汝是惡魔。吾將行矣。何驚動妨亂吾耶。癡人出去。言訖長往。時異香滿室。頂暖身頓顏色如常。即太建九年六月二十二日也。壽六十有四。凡有著述皆口授無所刪改。撰四十二字門兩卷。無諍行門兩卷。釋論玄隨自意安樂行次第禪要三智觀門等五部各一卷。並行於世。

토끼뿔

물건을 가리켜서 맘 전함을 안다면
수행도량 어딘들 어찌 차별 할 것이며
상 없는 불법인데 승속을 나누랴

천태산(天台山) 수선사(修禪寺) 지자(智者) 지의(智顗) 선사

지의 선사는 형주(荊州) 화용(華容) 사람으로 성은 진(陳)씨이다. 어머니 서(徐)씨가 처음 잉태했을 때 꿈에 오색 향연(香煙)이 빙 둘리 감았으며, 탄생하는 날 저녁에는 상서로운 광채가 마을을 비추었다. 어릴 적부터 신기한 일이 많았으니 피부에 때가 묻지 않았고, 7세 때에 과원사(果願寺)에 들어가 스님이 『법화경』 '보문품' 읽는 소리를 듣고 바로 따라 외웠다. 이어 법화경 7권의 글을 제대로 다 기억해 외우니 흡사 전생에 익힌 것 같았다.

15세에 불상 앞에 절을 하면서 출가하기를 서원하다가 비몽사몽(非夢似夢) 꿈을 꾸었는데, 바닷가에 있는 큰 산의 봉우리에서 승려가 손을 흔들어 부르고는 다시 어떤 절 안으로 데리고 들어가서 말하기를 "그대는 여기서 살다가 여기서 죽으리라."고 하였다.

天台山修禪寺智者禪師智顗。荊州華容人。姓陳氏。母徐氏。始娠夢香煙五色縈繞於懷。誕生之夕祥光燭於鄰里。幼有奇相膚不受垢。七歲入果願寺。聞僧誦法華經普門品。即隨念之忽自憶記。七卷之文宛如宿習。十五禮佛像誓志出家。怳焉如夢見大山臨海際峯頂有僧招手。復接入一伽藍云。汝當居此。汝當終此。

18세에 양친을 잃고 과원사에서 법서(法緒)라는 승려에 의해 출가하여 20세에 구족계를 받았다.

진(陳)의 건명(乾命) 원년에 광주(光州) 대소산(大蘇山)의 혜사(慧思) 선사를 뵈니, 혜사가 척 보고는 말하였다.

"옛날 영축산에서 함께 법화경을 들었는데 이제 다시 왔구나."

그리고는 보현도량(普賢道場)을 보여 주고 네 가지 안락행(四安樂行)을 말해 주니, 대사는 21일 동안 관(觀)에 들어 몸과 마음이 활짝 열리고 선정과 지혜가 융통하며 숙명통이 깊이 발해 오직 스스로 밝게 깨달았다. 이렇게 깨달은 바를 혜사에게 아뢰니, 혜사가 말하였다.

"너랄 것도 없으니 증득했다고도 말며 나랄 것도 없거늘 알았다고도 말라. 이것이 법화삼매(法華三昧)의 앞 방편이며 첫 선다라니(旋陀羅尼)이다.

十八喪二親。於果願寺依僧法緒出家。二十進具。陳乾明[23]元年謁光州大蘇山慧思禪師。思一見乃謂曰。昔靈鷲同聽法華經。今復來矣。卽示以普賢道場。說四安樂行。師入觀三七日。身心豁然定慧融會。宿通潛發唯自明了。以所悟白思。思曰。非汝弗證非我莫識。此乃法華三昧前方便初旋陀羅尼也。

---

23) 陳乾明이 원나라본에는 陳天嘉로 되어 있다.

비록 문자를 따지는 스승이 천만 명이 있더라도 그대의 변재는 당하지 못하리라. 그대는 법의 등불을 잘 전하여 끝까지 부처의 종자가 끊어지지 않도록 하라."

대사는 인가를 받은 뒤 태건(太建) 원년에 혜사를 하직하고 금릉에 가서 살면서 교화했는데, 설법하되 문자를 세우지 않았고 변재가 능숙하였으며 밤낮을 게을리 하지 않았다.

태건 7년 을미(乙未)에 무리들을 다 돌려보내고 천태산 불롱봉(佛隴峯)에 숨었다. 이에 앞서 정광(定光) 선사라는 이가 여기에 살다가 제자들에게 말하기를 "머지않아 큰 선지식이 제자들을 거느리고 이리로 오리라."라고 하였는데, 조금 있다가 대사가 이르렀다. 이에 정광이 말하였다.

"옛날 보배로운 손으로 부르던 일을 아직 기억하는가?"

縱令文字之師千萬不能窮汝之辯。汝可傳燈。莫作最後斷佛種人。師既承印可。太建元年禮辭往金陵闡化。凡說法不立文字。以辯才故晝夜無倦。七年乙未謝遣徒眾隱天台山佛隴峯。有定光禪師先居此峯。謂弟子曰。不久當有善知識領徒至此。俄爾師至。光曰。還憶疇昔寶手招引時否。

대사는 곧 불상 앞에서 절하던 일을 깨닫고, 기쁨과 슬픔이 엇갈려 손을 맞잡고 암자로 들어갔다.

그날 밤, 허공에서 종과 경쇠 소리가 나니 대사가 물었다.

"이게 무슨 상서입니까?"

정광 선사가 말하였다.

"이는 종을 쳐서 대중을 모아 살 징조이다. 여기는 황금의 땅인데 내가 이미 살고 있고, 북쪽 봉우리는 은의 땅이니 그대가 살라."

산을 연 뒤에 선제(宣帝)가 수선사(修禪寺)를 짓고, 시풍현(始豊縣)의 조세(租稅)를 떼어 주어 대중의 양식을 충당하게 하였다.

수(隋)의 양제(煬帝)가 대사에게 보살계를 받으려 하자, 대사는 황제를 위해 총지(總持)라는 법명을 지어 바쳤고, 황제는 대사에게 지자(智者)라는 호를 주었다.

師卽悟禮像之徵悲喜交懷。乃執手共至庵所。其夜聞空中鐘磬之聲。師曰。是何祥也。光曰。此是犍椎[24]集僧得住之相。此處金地吾已居之。北峯銀地汝宜居焉。開山後宣帝建修禪寺。割始豊縣租以充眾費。及隋煬帝請師受菩薩戒。師爲帝立法名號總持。帝乃號師爲智者。

---

24) 椎가 송, 원나라본에는 稚로 되어 있다.

대사는 항상 이르기를 "『법화경』은 일승의 묘전(妙典)이다. 화성(化城)[25]의 집착을 깨뜨리는 가르침이고 초암(草庵) 속에 꽉 막힌 망정을 풀어주며, 방편의 여러 문을 열어 진실의 묘한 이치를 드러내 보이고, 온갖 착한 작은 행까지를 회통해서 광대한 일승에 돌아가게 한다."라고 하였다.

그리하여 『법화경』의 깊은 불가사의한 뜻을 드러내었으니, 석명(釋名), 변체(辯體), 명종(明宗), 논용(論用), 판교상(判敎相)으로 다섯 번 거듭해 밝혔다.

법을 모두 구족하였음을 비유한 것이 법화라는 이름이니, 일승의 묘법(妙法), 즉 중생의 본성을 말한다. 무명의 번뇌 속에 있어도 물들지 않는 것이 마치 연꽃이 진흙 속에 있어도 본체는 항상 깨끗한 것과 같으므로 법화라 이름하였다.

師常謂。法華爲一乘妙典。蕩化城之執敎。釋草庵之滯情。開方便之權門。示眞實之妙理。會眾善之小行。歸廣大之一乘。遂出玄義。曰釋名 辯體 明宗 論用 判敎相之五重也。名則法喻齊彰。謂一乘妙法卽眾生本性。在無明煩惱不爲所染。如蓮華處於淤泥而體常淨。故以爲名。

---

25) 화성(化城) : 어리석은 이를 이끌기 위해 변화해 낸 거짓 성.

이 경이 방편을 열어 실제를 드러내고 나서 방편을 버려 실제이게 하는 것은 방편으로 실제에 돌아가 일치하도록 하는 것이다. 연(蓮)에서의 화(華)는 꽃이 피고 지는 모습을 머금은 뜻이 있고, 화(華)에서의 연(蓮)은 숨거나 나툼으로 실다움을 이룬 뜻이 있어서 근본으로부터 자취를 나투고 자취로 인해 근본을 드러낸다.

묘법연화(妙法蓮華)라는 경의 이름은 사람이 하나에 여럿을 구족하고 있음을 대개 일곱 가지 법[26]으로 비유한 것이다. 일체를 포섭한 것을 묘법연화라 한 것이니, 여럿이 곧 하나이다.[27] 이름하여 부르기를 체라 하니 체는 곧 실상이다. 일체 형상이라 하나 실상을 여의고서는 체가 없기 때문이다.

此經開權顯實廢權立實會權歸實。如蓮之華有含容開落之義。華之蓮有隱現成實之義。亦謂從本垂迹因迹顯本。夫經題不越法喻人。單複具足凡七種(單三複三具足一)。攝一切名妙法蓮華。即複之一也(法譬爲複)。名以召體。體即實相。謂一切相離實相無體故。

---

26) 단삼복삼구족일. (원주)
 단삼복삼구족일(單三複三具足一)이란 법신, 보신, 화신이 있는데 법신이 보신·화신을, 보신이 법신·화신을, 화신이 법신·보신을 구족하고 있으며 이 모두를 구족함을 하나로 해서 일곱을 이룸을 비유한다.
27) 법과 비유를 겸한 것이다. (원주)

종(宗)은 곧 일승의 인과로서 부처님의 지견(知見)을 열어 보여 깨달아 들어가게 하므로 가히 존중하고 자랑할 만하다. 용(用)은 힘의 작용으로 열고 폐하고 회통한다는 뜻이니 그 힘이 있기 때문이다.

그런 뒤의 판교상이라는 것은 여래가 일생동안 설하신 것으로서 총 오시(五時)와 팔교(八敎)로 구분한다.

오시(五時)란 첫째, 부처님께서 처음으로 위없는 도를 이루시자 바로 상근기인 보살들을 위하여 화엄(華嚴)을 말씀하신 때와 둘째, 소승의 근기를 위하여 아함(阿含)을 말씀하신 때와 셋째, 치우침을 꾸짖고, 작은 것을 버리고 큰 것을 칭찬함으로써 원만함을 기리기 위해 방등(方等)을 말씀하신 때와 넷째, 형상을 쓸어버리고 집착을 버리게 하기 위해 반야를 말씀하신 때와 다섯째, 방편을 회통하여 실제에 돌이켜 삼승의 사람들과 온갖 중생에게까지 모두 성불한다는 수기를 주기 위해 법화와 열반을 말씀하신 때를 말한다.

宗則一乘因果。開示悟入佛之知見可尊尚故。用則力用。以開廢會之義有其力故。然後判敎相者。以如來一代之說。總判為五時八敎。五時者。一佛初成道為上根菩薩說華嚴時。二為小機說阿含時。三彈偏折小歎大褒圓說方等時。四蕩相遣執說般若時。五會權歸實。授三乘人及一切眾生成佛記。說法華涅槃時。

팔교란 화의사교(化義四敎)[28]의 돈(頓)[29], 점(漸)[30], 비밀(秘密)[31], 부정(不定)[32]과 화법사교(化法四敎)[33]의 장(藏)[34], 통(通)[35], 별(別)[36], 원(圓)[37]을 말한다.

삼세 부처님의 말씀을 다 꾸려서 극진한 이치를 다했으니,[38] 이를 떠나서는 모두가 마구니의 말이다.

八敎者。謂化儀四敎即頓漸祕密不定也。化法四敎即藏(生滅四諦)通(無生)別(無量)圓也(無作四諦唯法華圓理。乃至治生産業一色一香無非實相)。該三世如來所演罄殫其致(四正三接廣如本敎)。捨此皆魔說。

---

28) 화의사교(化義四敎) : 천태종에서 부처님의 설법을 그 형식에 의해 돈, 점, 비밀, 부정 등 4가지 종류로 분류한 것.
29) 돈(頓) : 일정한 차례에 의하지 않고 단번에 깨달아 해탈하도록 설한 것으로 돈의 형식을 취한 설법에는 화엄경, 유마경 등이 있다.
30) 점(漸) : 점점 차례를 밟아 설한 교. 아함, 방등, 반야, 법화, 열반부에 이르는 교설.
31) 비밀(秘密) : 상대의 성질, 지식, 근기에 따라 응하여 청법자에 따라 이해할 수 있도록 한 교묘한 설법.
32) 부정(不定) : 청법자에 따라 같은 설법을 가지가지로 알아듣게 하는 설법.
33) 화법사교(化法四敎) : 부처님의 가르침을 내용에 따라 네 가지로 분류한 것.
34) 생멸사제. (원주)
   장(藏)이란 아함경을 비롯한 초기의 가르침.
35) 무생. (원주)
   통(通)이란 무생의 원리로 성문, 연각, 보살에게 공통되는 설교.
36) 무량. (원주)
   별(別)이란 소승과 구별되는 보살을 위한 무량법의 설교.
37) 원(圓) : 사제랄 것 없어 오직 법화의 원융한 이치이니 일어나는 업을 다스린다 하나 온통 색이고 온통 향이어서 실상 아님이 없음. (원주)
38) 사정삼(四正三) 등, 넓게는 여래의 본래 가르침. (원주)

교리를 밝힌 뒤에는 관조를 행하지 않으면 본성을 회복할 수 없기에 일심삼제(一心三諦)[39]의 이치에 의하여[40] 삼지삼관(三止三觀)[41]을 보였다.

하나하나 마음을 관하라 했으니 생각과 생각으로는 얻을수 없다. 처음은 공관이요, 다음은 가관이요, 나중은 중관이다. 두 치우침을 떠나서 일심으로 관하면 구름 밖으로 달이 드러난 듯 분명하리니, 이것이 별교의 행상이다.

일찍이 말하기를 "일체 미혹을 깨뜨리는 데는 공관보다 더한 것이 없고, 일체 법을 건립하는 데는 가관보다 더한 것이 없으며, 일체 성품을 끝까지 규명하는 데는 중도(中道)보다 더한 것이 없다." 라고 하였으니, 하나에 일치하면 일체에 일치하여 가관도 없고 공관도 없어서 중도라는 것도 없다. 공관과 가관의 경우도 역시 그러하니 이것이 원교의 행상이다.

故敎理旣明。非觀行無以復性。乃依一心三諦之理(眞俗中)示三止三觀。一一觀心念念不可得。先空次假後中。離二邊而觀一心如雲外之月者。此乃別敎之行相也。嘗云。破一切惑莫盛乎空。建一切法莫盛乎假。究竟一切性莫大乎中。故一中一切中。無假無空而不中。空假亦爾。卽圓敎之行相。

---

39) 일심삼제(一心三諦) : 천태종에서 모든 존재의 실상을 밝히는 세가지 진리. 공제(空諦), 가제(假諦), 중제(中諦).
40) 진·속·중. (원주)
41) 삼지삼관(三止三觀) : 천태종의 진리 체득을 위한 실천 체계.

마치 마혜수라천(摩醯首羅天)의 세 눈이 가로도 세로도 합친 것도 따로 있는 것도 아닌 것과 같다.[42]

삼관(三觀)[43]이 원만히 이루어지면 법신(法身)이 가려지지 않아 가난한 집 자식과 같이 되는 것을 면하리라. 그러나 여전히 학자들이 성품 닦는 일에 매하여 치우친 집착에 빠질까 걱정되어 다시 여섯 뜻의 법을 세워서 환란을 막았다.

첫째는 이치가 곧 부처이니, 10법계의 중생들이 최하로는 초명(蠛蠓)에 이르기까지 같이 묘한 성품을 가지고 있다.

如摩醯首羅天之三目。非縱橫並別故(第十四祖龍樹菩薩偈云。因緣所生法。我說即是空。亦名為假名。亦名中道義。斯與楞嚴圓覺經說奢摩他三摩鉢底禪那三觀。名目雖殊其致一也。達磨大師以心傳心不滯名數。直為上上根智俾忘筌忘意故。與此教同而不同。智者禪師窮理盡性備足之門故。與禪宗異而非異也)。三觀圓成法身不素。即免同貧子也。尚慮學者昧於修性或墮偏執。故復創六即之義以絕斯患。一理即佛者。十法界眾生下至蠛蠓同稟妙性。

---

42) 선종 제14조 용수보살의 게송에 이르기를 "인연으로 일어나는 법을 나는 곧 공이라고 한다. 또 이름하여 가짜 이름이라고 하고, 또 이름하여 중도라는 뜻이라고 한다." 이 게송은 『능엄경』이나 『원각경』 가운데서 말하는 사마타, 삼마발저, 선나 등 삼선관의 이름과 비록 다르나 종지는 일치한다. 달마 대사는 이심전심으로 이름과 종목이 없이 직접 최상승인 근본지로 그들로 하여금 방편과 사사로움을 버리게 하였다. 이는 천태종의 교법과 같은 것 같으나, 기실은 같지 않다. 지자 대사는 궁극으로 이치와 성품의 두문으로 겸비하였다. 그러므로 선종과 다른 점이 있으나 또 실제로는 다르지 않다. (원주)
43) 삼관(三觀) : 공관(空觀), 가관(假觀), 중도관(中觀)의 세 가지로 관찰하는 수행방법.

본래부터 청정한 깨달음의 본체는 항상 상주하여, 하나의 이치로 평등하고 원만하기 때문이다.[44]

둘째는 이름하여 부처라 하니, 이변적으로는 성품이 비록 평등하나 경계를 따르는 이는 날마다 사용하면서도 알지 못하여, 반드시 방편의 말씀과 가르침으로 밖에서 이름하는 것을 듣고 배워 믿음을 내어 깨닫게 되는 까닭이다.[45]

셋째는 관조를 행하는 것이 곧 부처이니, 이미 이름을 듣고 열려 깨달았으나, 반드시 앞의 세 관법을 의지해야만 근원에 돌아가는 까닭이다.[46]

從本以來常住清淨覺體圓滿一理齊平故(執名相者不信即心即佛。覩此而生信也)。二名字即佛者。雖理性坦平。而隨流者日用不知。必假言教外熏得聞名字生信發解故(起信論云。以有忘想心故。能知名義。自此已下簡暗證者)。三觀行即佛者。既聞名開解。要假前之三觀而返源故(圓教外凡也。圓觀五陰為不思議境。即五品位。大師示居此位。別教十信及藏通教。皆名資糧位)。

---

44) 이름과 상에 집착하는 이는 마음이 곧 부처임을 믿지 않기에 이것을 보고나서야 곧 믿음이 생긴다. (원주)
45) 『기신론』에 이르기를 '망상(忘想)하는 그 마음이 있기에 이름하는 뜻을 알 수가 있다'라고 하였다. 이것으로 암암리에 증득한 것을 가려낼 수 있다. (원주)
46) 원교의 외범이다. 원교에서 오음이 부사의한 경계임을 관찰하는 것이니, 즉 5품위이다. 대사도 이 지위에 머물렀다고 하였다. 별교 10신과 장교, 통교에서는 자량위라고 부른다. (원주)

넷째는 바탕에서 같은 것을 곧 부처라 하니, 관조를 행하는 공(功)이 깊어지면 바탕에서 일으켜 쓰는 용(用)도 같기 때문이다.[47]

다섯째는 분명하고 참다운 것이 곧 부처이니, 삼심(三心)[48]을 열고 발하여 진여의 작용을 얻으면 지위마다 더욱 수승해지기 때문이다.[49]

四相似即佛者。觀行功深發相似用故(內凡也圓伏無明入十信鐵輪位。不斷見思惑。至七信以去見思惑自隕得六根淸淨。如經云。父母所生眼悉見三千界云云。思大禪師示居此位。若別敎乃地前三十心也。藏通皆名加行位。楞嚴經唯識論三十心後。別立四加行。名位雖同詮旨逈異。惟通悟者善巧融會)。五分真即佛者。三心開發得眞如用。位位增勝故(發圓初住即銅輪位也。如龍女一念成佛現百界身。從此轉勝至等覺位。凡四十一心盡目眞因。分位雖殊圓理無別。若別敎即名十地。藏通皆言見道位)。

---

47) 원교의 내범이다. 무명을 원만히 조복하여 10신의 철윤위에 들어간다. 끊어지지 않은 견혹과 사혹이 7신에 이르면 스스로 떨어져서 6근이 청정해진다. 마치 경에 이르기를 '부모가 준 눈으로 삼천대천세계를 다 볼 수 있다.'라고 말한 것과 같다. 혜사 선사가 이 과위에 머물러 있었다. 별교에서는 전 30심이라 하고 장교와 통교에서는 가행위라고 한다. 『능엄경』과 『유식론』에서는 30심 후에 따로 4가행을 세웠다. 이름은 같으나 해석은 완전히 같지 않다. 오직 깨달은 사람만이 융통하여 잘 알 수가 있다. (원주)
48) 삼심(三心) : 등각(等覺), 묘각(妙覺), 구경각(究竟覺).
49) 원만이 발하여 10주 중의 초주[제1주]에 머무름을 동윤위라고 한다. 마치 용녀가 한 생각에 부처를 이루어서 백천 세계에 나투는 것과 같다. 이 수승함으로 인하여 등각 지위에 이르렀으니 41심이 모두 참됨이다. 과위가 비록 다르나 융통한 이치는 차별이 없다. 이에 별교에서는 10지라 하고, 장교와 통교에서는 견도위라고 부른다. (원주)

여섯째는 구경이 곧 부처이니, 무명이 영원히 사라지고 깨달음의 마음이 원융하고 지극해서 증득할 바 없음을 증득했기 때문이다.[50]

위에서 말한 여섯 지위 모두 곧 부처라 했는데,[51] 모두가 법신·보신·화신인 삼신(三身)을 통달해 갖추어 정보(正報)를 삼고,[52] 사는 곳마다 네 가지 국토로 의보(依報)를 삼는다.

네 가지 국토라 함은 첫째는 상적광토(常寂光土)[53]요, 둘째는 실보무장애토(實報無障碍土)[54]요, 셋째는 방편유여토(方便有餘土)요, 넷째는 정예동거토(淨穢同居土)[55]이다.

六究竟即佛者。無明永盡覺心圓極證無所證故(妙覺也。起信云。始本不二名究竟覺。仁王名寂滅上忍也。別敎權佛攝。對圓行第二位耳。藏通二敎佛可知)。如上六位旣皆即佛(不屈不濫)。通具法報化三身爲正(三寶三德屬對交絡。乃至十種三法含攝無遺。偈云。道識性般若。菩提大乘身。涅槃三寶德。一一皆三法)。隨居四土爲依。四土者。一常寂光(法性土也。法身居之身土相稱)。二實報無障礙(攝二受用也。自受用土報佛自居。他受用土登地菩薩所居)。三方便有餘。四淨穢同居(並爲應化土也。地前菩薩二乘凡夫所居)。

---

50) 묘각지이다. 『기신론』에서 시각과 본각이 둘 아님을 구경각이라고 했고, 『인왕경』에서는 적멸상인이라 했으며, 별교에서는 부처님의 포섭으로 원만하게 행하는 것을 제2위라 했고, 장교와 통교에서는 부처라야 안다 하였다. (원주)
51) 굴복하지도 않고 외람되지도 않다. (원주)
52) 삼보와 삼덕을 얼기설기 연결 지으면 열 가지 삼법에 이르기까지 남음이 없이 다 포섭한다. 게송에 이르기를 '도와 의식과 성품과 반야와 보리와 대승의 몸과 열반과 삼보와 삼덕이 모두 다 삼법이 된다.'라고 하였다. (원주)
53) 법성토라고 하니 법신이 산다. 몸과 국토가 같다. (원주)
54) 두 가지 수용토를 포섭하니 자수용토(自愛用土)에는 보신불이 살고, 타수용토(他受用土)에는 십지에 이른 이가 산다. (원주)
55) 모두가 응화신의 국토이다. 십지 이전의 보살, 이승 범부들이 산다. (원주)

그러나 실제에는 몸도 국토도 아니요, 우수함도 열등함도 없다. 오직 근기에 따라 가르치기 위해 몸과 국토를 말하고, 우수함과 열등함을 나눈 것일 뿐이다.

대사는 몸과 국토의 원융함과, 방편과 실제에 걸림 없음을 얻었으므로 30여 년 동안 밤낮으로 연설해서 네 가지 이익을 얻게 하였고, 네 가지 실단(悉檀)을 갖추게 하였을 뿐이다.[56]

문인 관정(灌頂)이 날마다 만 마디를 기록해서 책으로 모아 일컬어 천태교(天台敎)라 했는데 따로따로 부류를 나누면 여러 가지가 있다.[57] 대대로 전해져서 절강(浙江) 지방에 성대히 퍼져 있다.

其實則非身非土無優無劣。爲對機故假說身土而分優劣。師得身土互融權實無礙。故三十餘年晝夜宣演。生四種益具四悉檀(悉遍也。檀翻名施。禪師之法遍施有情隨得根益如雲。世界悉檀生歡喜益云云)。門人灌頂日記萬言而編結之。總目爲天台敎。別卽分諸部類(法華玄義文句大小止觀金光明仁王淨名涅槃 請觀音十六觀經等及四敎禪門凡百餘軸)。歷代付授盛於江浙。

---

56) 실단(悉檀)의 실(悉)은 두루라는 뜻이고 단(檀)은 베푼다는 이름이니 선사의 법을 두루 유정들에게 베풀어 근기에 따라 이익을 얻게 했으니 세계에 두루 베풀어 기쁘고 이익되게 한다. (원주)
57) 법화현의, 문구, 대지관, 소지관, 금광명, 인왕, 정명, 열반, 청관음, 십육관경 등과 사교선문 등 백여 권이 된다. (원주)

수(隋)의 개황(開皇) 17년 11월 17일에 황제가 조서를 보내 대사를 부르니, 대사는 떠나려 하면서 문인들에게 말하였다.

"나는 이제 가면 돌아오지 않는다. 그대들은 불롱남사(佛隴南寺)를 성취하되 전적으로 나의 계획에 따르라."

이에 시자가 말하였다.

"스님의 힘이 아니고야 어찌 이룩하겠습니까?"

대사가 말하였다.

"이는 왕가(王家)에서 하실 것이어서 그대들은 보겠지만 나는 보지 못한다."[58]

隋開皇十七年十一月十七日帝遣使詔師。將行乃告門人曰。吾今往而不返。汝等當成就佛隴南寺。一依我圖。侍者曰。若非師力豈能成辦。師曰。乃是王家所辦。汝等見之吾不見也(師初欲建寺於石橋。禪寂見三神人。皂幘絳衣從一老僧。謂師曰。若欲造寺今非其時。三國成一當有大力施主與師造寺。寺成國即清。宜號為國清。言訖不見。開皇十八年帝遣司馬王弘入山依圖造寺。方應前誌)。

---

58) 대사가 처음에 석교에다 절을 지으려 했는데, 선정에 들어서 보니 세 신인이 검은 두건에 붉은 옷을 입고 어떤 노승을 따라와 대사에게 이렇게 말하였다. "절을 지으시려면 지금은 때가 아닙니다. 삼국을 통일한 후에는 반드시 큰 힘이 있는 시주자가 나서서 스님께 절을 지어 드릴 것이니, 절이 되거든 나라 안이 청평해진다고 국청사라 하십시오." 신인은 말을 마치자 사라졌다. 개황 18년에 황제가 사마왕홍을 산으로 보내 도본에 절을 지으니 바야흐로 앞의 예언과 부합되었다. (원주)

대사는 21일에 섬동(剡東)의 석성사(石城寺)에 가는데 백 척 돌불상 앞에 이르자 걸음을 멈추더니, 24일에 시자를 돌아보면서 말하였다.

"관음께서 마중을 나오셨으니 오래지 않아 떠나야겠구나."

이때에 문인 지랑(智朗)이 청하였다.

"어떤 지위와 어떤 생(生)을 얻으셨습니까?"

대사가 말하였다.

"내가 대중을 거느리지 않았으니 반드시 육근이 청정할 것이요, 내가 손해를 보면서 남을 이롭게 했으니 오품(五品)의 지위를 얻었다."[59]

서기에게 분부하여 관심게(觀心偈)를 짓고 그 밖의 온갖 법문의 강요(綱要)를 모두 읊고는 가부좌를 맺고 앉아서 떠나니, 수명은 60세이고, 법랍은 40세였다.

師二十一日到剡東石城寺百尺石像前不進。至二十四日顧侍者曰。觀音來迎不久應去。時門人智朗請曰。不審何位何生。師曰。吾不領眾必淨六根捐己利他獲預五品耳(五品弟子。即法華三昧前方便之位。與思大禪師昔語冥符)。命筆作觀心偈。唱諸法門綱要訖。趺坐而逝。壽六十。臘四十。

---

59) 오품제자는 법화삼매에 드는 첫 방편의 지위이다. 혜사 대사의 지난날의 예언과 맞는다. (원주)

제자들이 불롱암(佛隴岩)으로 모시고 돌아가 장사지냈다.

대업(大業) 원년 9월에 양제(煬帝)가 준해(准海)에 순행(巡幸)을 나왔다가 사신을 보내 제자 지조(智璪)에게 절의 편액을 보내고, 이어 산에 들어가서 대사의 제사에 참석하게 하였다.

제삿날이 되어 승려들이 모여 석실(石室)을 열어 보니 빈 걸상만이 남아 있었다. 이때에 모인 승려들이 천 명이었는데 바로 그때 갑자기 한 사람이 늘어나니, 사람들은 모두 대사의 화신(化身)이 국왕의 공양을 받으러 왔다고 하였다.

대사는 처음 선교(禪敎)를 배우기 시작하면서부터 마지막 멸도하기까지 항상 헤어진 누더기 한 벌을 입어 여름이나 겨울에도 벗지 않았다. 오가면서 천태산에 살기 22년, 큰 도량을 지은 것만도 12개소였는데 최후에는 국청사(國淸寺)에 살았다.

弟子等迎歸佛隴巖。大業元年九月煬帝巡幸准海。遣使送弟子智璪及題寺額入山赴師忌齋。到日集僧開石室唯覩空榻。時會千僧至時忽剩一人。咸謂師化身來受國供。師始受禪敎終乎滅度。常披一壞衲冬夏不釋。來往居天台山二十二年。建造大道場一十二所。國淸最居其後。

그리고 형주(荊州)의 옥천사(玉泉寺) 등 36개 절에서 승려 1만 5천명을 만들었고, 경 15장(藏)을 베꼈으며, 금동으로 만든 불상과 불상 그림 80만을 조성하였으니, 그 사적은 퍽 많은데 모두가 본전과 같다.

及荊州玉泉寺等共三十六所。度僧一萬五千人。寫經一十五藏。造金銅塑畵像八十萬尊。事迹甚廣如本傳。

 토끼뿔

삼신에 방편 열어 구제함
사통팔달 자재함의 통쾌여
삼삼은 어찌해도 아홉일세

사주(泗州) 승가(僧伽) 대사

승가 대사는 세상에서 관음보살의 화신이라 하였다. 근본을 헤아려보건대 과거 아승지(阿僧祇) 항하사(恒河沙) 겁 전에 관세음여래를 만나, 세 가지 지혜의 문으로 해서 도에 들어가 음성(音聲)으로 불사를 지었는데, 오직 이 지방의 인연 있는 무리들만이 대사가 인도에서 왔다고 하였다.

당(唐)의 고종(高宗)때에 장안(長安)과 낙양(洛陽)으로 와서 교화를 폈는데, 오(吳)나라와 초(楚)나라 사이를 넘나들면서 손에는 버들가지 하나를 들고 세속 무리에 섞여 지냈다.

혹 어떤 이가 "스님의 성이 무엇입니까?"라고 물으면 대사는 곧 대답하기를 "나의 성은 무엇이다." 하고, 또 "스님은 어느 나라 사람입니까?" 하면 대사는 "나는 어느 나라 사람이다."라고 하였다.

泗州僧伽大師者。世謂觀音大士應化也。推本則過去阿僧祇殑伽沙劫值觀世音如來。從三慧門而入道。以音聲為佛事。但以此土有緣之眾乃謂大師自西國來。唐高宗時至長安洛陽行化。歷吳楚間。手執楊枝混於緇流。或問師何姓。即答曰。我姓何。又問師是何國人。師曰。我何國人。

이어 사수(泗水) 위에다 절을 하나 지으려 하자, 고을 백성인 하발씨(賀跋氏)가 살던 곳을 내주니, 대사가 말하였다.

"여기는 본래 절이었다."

그리하여 땅을 파보게 하자, 과연 묵은 비가 나왔는데 향적사(香積寺)라 했으니, 이는 곧 제(齊)의 이용건(李龍建)이 지은 절이었다. 또 금불상을 얻었는데 대중은 모두가 연등(然燈) 여래라 하였지만 대사는 보광왕불(普光王佛)이라 하였다. 그리하여 그것으로 절 이름을 삼았다.

경용(景龍) 2년에 중종(中宗)이 사신을 보내 대사를 연곡(輦轂)[60]으로 청해 특별히 예의로 대접하고, 이어 대천복사(大薦福寺)에 살라고 명하였다. 황제와 백관(百官)들이 모두가 제자를 자칭했으며, 이때에 혜엄(慧儼), 혜안(慧岸), 목차(木叉) 세 사람을 제도했으니 황제가 절의 편액을 보광왕사(普光王寺)라고 손수 썼다.

尋於泗上欲構伽藍。因宿州民賀跋氏捨所居。師曰。此本為佛宇。令掘地果得古碑。云香積寺。即齊李龍建所創。又獲金像眾謂然燈如來。師曰。普光王佛也。因以為寺額。景龍二年中宗遣使迎大師至輦轂深加禮異。命住大薦福寺。帝及百官咸稱弟子。與度慧儼慧岸木叉三人。御書寺額(普光王寺)。

---

60) 연곡(輦轂) : 임금이 타고 다니던 수레.

3년 3월 3일에 대사가 입적하니, 천복사에 가서 대사의 전신에 다 옻을 칠하여 탑을 세우라는 어명이 내려졌다. 그러자 홀연히 나쁜 냄새가 성 안에 가득하였다. 이에 황제가 대사를 임회(臨淮)로 전송하는 축원을 했더니 말이 끝나자 좋은 향기가 감돌았다.
　황제가 만회(萬廻)에게 물었다.
　"승가 대사는 어떤 사람인가?"
　"관음의 화신입니다."
　건부(乾符)때에 증성(證聖) 대사라는 시호가 내려졌고, 황조(皇朝)의 태평흥국 때에 태종(太宗) 황제가 부도를 세웠는데 웅장하고 화려함이 아주 뛰어났다.

　三年三月三日大師示滅。勅令就薦福寺漆身起塔。忽臭氣滿城。帝祝送師歸臨淮。言訖異香騰馥。帝問萬廻曰。僧伽大師是何人耶。曰觀音化身耶[61]。乾符中謐證聖大師。皇朝太平興國中太宗皇帝重創浮圖。壯麗超絶。

---

61) 耶가 송, 원, 명나라본에는 耳로 되어 있다.

 토끼뿔

버들가지 그 공안 알진저
나의 성은 뭣이다는 즉흥답
참으로 명쾌 중 명쾌로세

만회(萬廻) 법운공(法雲公)

법운공은 괵주(虢州)의 문향(閿鄕) 사람으로 성은 장(張)씨이다. 당(唐)의 정관(貞觀) 6년 5월 5일에 태어났는데, 어린 시절에 무엇에도 구애되지 않고 자유로워 진취의 기상이 넘쳤으니 마을 사람들이 헤아리지 못하였다.

어느 날 집안 사람들에게 청소를 시키면서 "귀한 손님이 오신다."라고 하였는데, 그날 삼장 현장(玄奘)이 인도에서 돌아와 방문하였다.

공(公)이 인도의 풍경을 하나하나 묻는데 꼭 본 것처럼 하므로 현장이 일어나서 돌면서 절을 하고 보살이라 불렀다.

만년(萬年)이라는 형이 있는데 요좌(遼左) 지방으로 원정을 나가서 오래 되자, 그의 어머니 정(程)씨가 그의 소식을 초조히 기다리니, 이에 공이 말하기를 "이는 퍽 쉬운 일입니다."라고 하였다.

萬迴法雲公者。虢州閿鄕人也。姓張氏。唐貞觀六年五月五日生始在弱齡嘯傲如狂鄕黨莫測。一日令家人灑掃云。有勝客來。是日三藏玄奘自西國還訪之。公問印度風境了如所見。奘作禮圍繞稱是菩薩。有兄萬年久征遼左。母程氏思其音信。公曰。此甚易爾。

그리고는 바로 어머니를 하직하고 떠나 저녁때에 돌아왔는데, 형의 글을 가지고 오니 마을 사람들이 깜짝 놀랐다.

용흥사(龍興寺)에 대명(大明)이라는 사문이 있었는데 어릴 적부터 공과는 가까운 사이였다. 공은 이때에도 자주 대명에게 왕래하였는데, 때마침 정간대부(正諫大夫)인 명숭엄(明崇儼)이 절에 와서 밤을 지내다가 공의 좌우에 신병(神兵)이 에워싸고 있는 것을 보고 깜짝 놀랐다. 이튿날 아침에 대명 스님에게 이 사실을 이야기한 후 금과 비단을 후히 내놓고는 절을 하고 떠났다.

함형(咸亨) 4년에 고종(高宗)이 대전(大殿)으로 불러들였다. 이때 부풍(扶風)의 몽홍(蒙澒)이란 승려가 있어 영특한 행적이 매우 많았다. 그는 이전부터 대전에 있으면서 매양 "만회가 온다. 만회가 온다."라고 하더니, 공이 이르자 "교체할 이가 왔으니 나는 떠나리라." 하고, 10여 일이 지나자 죽었다.

乃告母而往至暮而還。及持到書鄰里驚異。有龍興寺沙門大明少而相狎。公來往明師之室。屬有正諫大夫明崇儼夜過寺。見公左右神兵侍衛崇儼駭之。詰旦言與明師。復厚施金繒作禮而去。咸亨四年高宗召入內。時有扶風僧蒙澒者。甚多靈迹。先在內每曰。迴來迴來。及公至又曰。替到當去。洎旬日而澒卒。

경운(景雲) 2년 을해(乙亥) 12월 8일에 대사가 장안의 예천리 (醴泉里)에서 임종하니, 수명은 80세였으며, 이상한 향기가 서리고 온몸이 보들보들하였다.

위에서 사도(司徒) 괵국공(虢國公)으로 봉하고 장사 비용도 나라에서 대었다. 3년 정월 15일에 서울 서쪽에 있는 향적사에서 장사지냈다.

景雲二年乙[62]亥十二月八日師卒於長安醴泉里。壽八十。時異香氤氳舉體柔輭。制贈司徒虢國公喪事官給。三年正月十五日窆於京西香積寺。

---

62) 乙이 원나라본에는 辛으로 되어 있다.

 토끼뿔

경호원 오육 명의 여섯 시자
때에 따라 부려씀 그 자재
열반으로 교체를 하였구려

천태(天台) 풍간(豐干) 선사

풍간 선사는 어떤 사람인지 모른다. 천태산 국청사에 살면서 머리를 깎고 눈썹을 다듬고 베 두루마기를 입고 지냈다.

사람들이 혹시 불법의 이치를 물으면 그저 "때에 따르라."고만 할 뿐이었다. 일찍이 창도가(唱道歌)를 부르면서 범을 타고 솔문〔松門〕안으로 들어오니 대중들이 깜짝 놀란 일이 있었다.

본사(本寺)의 부엌에 두 고행자(苦行者)가 있었으니 한산자(寒山子)와 습득(拾得)이었다. 두 사람이 같이 공양을 지었는데 날마다 중얼거리고 이야기를 하건만 엿들으면 아무도 무슨 말인지 알 수 없어서 사람들은 그들을 미치광이라 하였다. 그러나 대사만은 그들과 퍽 친하였다.

어느 날 한산이 물었다.

天台豐干禪師者。不知何許人也。居天台山國清寺。剪髮齊眉衣布裘。人或問佛理。止答隨時二字。嘗誦唱道歌乘虎入松門。眾僧驚畏。本寺厨中有二苦行。日寒山子拾得。二人執爨終日晤語。潛聽者都不體解。時謂風狂子。獨與師相親。一日寒山問。

"옛 거울을 닦지 않았을 때에는 어떻게 비춥니까?"

대사가 대답하였다.

"달은 그림자가 없는데 원숭이는 물속의 달을 건지려 한다."

"그것은 비추지 못한 것입니다. 다시 말씀해 주십시오."

"만 가지 덕도 가져온 것이 아닌데 나에게 무엇을 말하라 하는가?"

한산과 습득이 함께 절을 하였다.

대사는 이어 혼자서 오대산(五臺山)에 들어가 순례(巡禮)를 하다가 한 늙은이를 만났는데, 대사가 그에게 물었다.

"문수가 아닙니까?"

늙은이가 대답하였다.

"어찌 두 문수가 있으리오."[63]

대사가 절을 하고 채 일어나기 전에 홀연히 사라졌다.[64]

古鏡不磨如何照燭。師曰。冰壺無影像獼猴探水月。曰此是不照燭也更請師道。師曰。萬德不將來教我道什麼。寒拾俱禮拜。師尋獨入五臺山巡禮。逢一老翁師問。莫是文殊否。曰豈可有二文殊。師作禮未起忽然不見(趙州沙彌舉似和尚。趙州代豊干云。文殊文殊)。

---

63) 풍간 선사는 아미타불의 화신이고, 습득은 보현보살의 화신이며, 한산은 문수의 화신이다.
64) 조주(趙州)의 사미가 이것을 들어 말하니, 조주가 풍간을 대신해서 말하기를 "문수다, 문수다." 하였다. (원주)

나중에 천태산에 돌아와서 입멸하였다.

처음에는 여구윤(閭丘胤)이 단구(丹丘) 지방을 지키러 나가게 되어 건거(巾車)65)를 차리려는 찰나, 홀연히 머리가 아프기 시작하여 의원도 고치지 못하였다. 이에 대사가 그를 찾아가서 말하였다.
"내가 천태산에서 성주를 뵈러 왔습니다."
여구윤이 병에 대해 말하자, 대사가 맑은 그릇에 물을 담아서 주문을 외운 후에 머금어서 뿜으니 잠깐 사이에 완쾌하였다. 여구윤이 이상히 여겨 앞날의 운수를 한마디 해 달라 하니, 대사가 말하였다.
"임지(任地)에 가시거든 꼭 문수와 보현을 뵈시오."
여구윤이 말하였다.
"그 두 보살이 어디에 계십니까?"
"국청사에서 밥을 짓고 그릇을 씻는 한산과 습득이 바로 그들입니다."

後迴天台山示滅。初閭丘胤66)出牧丹丘將議巾車。忽患頭疼醫莫能愈。師造之曰。貧道自天台來謁使君。閭丘且告之病。師乃索淨器呪水噴之。斯須立瘥。閭丘異之。乞一言示此去安危之兆。師曰。到任記謁文殊普賢。曰此二菩薩何在。師曰。國清寺執爨洗器者寒山拾得是也。

---

65) 건거(巾車) : 베나 비단으로 막을 쳐서 꾸민 수레.
66) 胤이 송나라본에는 公으로 되어 있다.

여구윤이 절을 하고 물러나서 바로 산의 절로 가서 물었다.

"이 절에 풍간 선사가 있는가? 그리고 한산과 습득은 어느 분인가?"

이때에 도교라는 승려가 대답하였다.

"풍간 선사의 방은 장경각 뒤에 있는데 지금은 텅 비었고, 한산과 습득 두 사람은 현재 부엌에서 일을 하고 있습니다."

여구윤이 대사의 방에 들어가서 보니, 오직 범의 발자국만이 보였다. 그래서 다시 도교에게 물었다.

"풍간 선사는 여기서 무엇을 했는가?"

도교가 대답하였다.

"오직 방아를 찧어서 대중의 시봉을 하다가 한가하면 노래를 부르고, 그러다간 부엌에 들어가서 한산과 습득을 만납니다."

그 내용은 다음 장에서 서술한 바와 같다.

閭丘拜辭方行。尋至山寺。問此寺有豐干禪師否。寒山拾得復是何人。時有僧道翹對曰。豐干舊院在經藏後今闃無人矣。寒拾二人見在僧厨執役。閭丘入師房唯見虎迹。復問道翹。豐干在此作何行業。翹曰。唯事舂穀供僧閑則諷詠。乃入厨尋訪寒拾。如下章敍之。

토끼뿔

일만 가지 덕까지도 가져옴 아니란 그 도리는
때에 따라 하라는 그 경지를 안 이라야… 하려 할 때
봄뜰에 날아드는 노랑나비 앞질러 누설일세

천태(天台) 한산자(寒山子)

한산자는 본래부터 성씨와 태어난 곳을 알 수 없다. 처음에 풍현(豊縣) 서쪽 70리쯤에 한암(寒巖)과 명암(明巖)이라는 두 바위틈에 살았으므로 한산이라는 이름을 얻었다.

얼굴이 바싹 여위고 다 떨어진 베옷을 입었으며, 자작나무 껍질로 관을 만들어 쓰고, 큰 나막신을 신고 있었다.

때로는 국청사(國淸寺)에 와서 습득을 찾아 밥이나 반찬 찌꺼기를 얻어먹고는 댓돌 위를 슬슬 거닐기도 하고, 허공을 보고 공연히 호통을 치기도 하였다. 절에 사는 승려들이 작대기로 때려 쫓으면 몸을 잽싸게 뒤집고 손뼉을 치며 크게 웃으면서 달아났고, 말을 하면 미친 것 같았지만 어딘가 깊은 뜻이 있었다.

어느 날 풍간(豊干)이 말하였다.

天台寒山子者。本無氏族。始豊縣西七十里有寒明二巖。以其於寒巖中居之得名也。容貌枯悴布襦零落。以樺皮爲冠。曳大木屐時來國淸寺就拾得取眾僧殘食菜滓食之。或廊下徐行。或時叫噪望空慢罵。寺僧以杖逼逐。翻身拊掌大笑而去。雖出言如狂而有意趣。一日豊干告之曰。

"그대가 나와 함께 오대산에 간다면 나의 도반이 되고, 나와 함께 가지 않으면 나의 도반이 아니다."
"나는 안 가겠소."
풍간이 말하였다.
"그러면 그대는 나의 도반이 못 된다."
한산이 불쑥 물었다.
"스님은 오대산에 가서 무엇을 하시렵니까?"
"문수보살을 뵈련다."
"그러니 스님은 나의 도반이 못 되십니다."

풍간이 입멸한 뒤에 여구윤이 산에 들렀다가 한산과 습득, 두 사람이 화로 곁에 둘러앉아 웃으면서 이야기하는 것을 발견하고 얼떨결에 절을 하였다. 이에 두 사람이 연이어 여구윤을 꾸짖으니 절의 승려들이 놀라서 말하였다.
"대관(大官)께서는 어찌하여 이 미치광이에게 절을 하십니까?"

汝與我遊五臺即我同流若不與我去非我同流。曰我不去。豐干曰。汝不是我同流。寒山却問。汝去五臺作什麽。豐干曰。我去禮文殊。曰汝不是我同流。暨豐干滅後。閭丘公入山訪之。見寒拾二人圍鑪語笑。閭丘不覺致拜。二人連聲咄叱。寺僧驚愕曰。大官何拜風狂漢耶。

한산자는 다시 여구윤의 손을 잡고 웃으면서 말하였다.
"풍간이 수다스럽게 지껄였군."
그리고는 오랫동안 있다가 손을 놓았다.

이로부터 한산과 습득은 손을 맞잡고 솔문을 빠져나가 다시는 절에 돌아오지 않았다.

여구윤이 다시 한암으로 찾아가서 절하여 뵙고 의복과 약을 보내니, 두 분은 소리를 높여 꾸짖으며 말하였다.
"도적아, 도적아."
그리고는 곧 몸을 움추려 바위틈으로 들어가면서 말하였다.
"여러분, 모두가 제각기 노력하라."
그러자 바위틈이 저절로 합해졌다.

여구윤이 슬퍼하여 승려 도교로 하여금 그의 유물을 찾게 하여, 숲 사이의 잎사귀에 쓴 노래나 게송, 마을 집벽에 써 놓은 시 300여 수를 발견해서 세간에 퍼뜨렸다. 조산(曹山) 본적(本寂) 선사가 주석을 내어 한산자시(寒山子詩)를 이루었다.

寒山復執閭丘手笑而言曰。豐干饒舌。久而放之。自此寒拾相攜出松門更不復入寺。閭丘又至寒巖禮謁。送衣服藥物。二士高聲喝之曰。賊賊。便縮身入巖石縫中。唯曰。汝諸人各各努力。其石縫忽然而合。閭丘哀慕令僧道翹尋其遺物。於林間得葉上所書辭頌。及題村墅人家屋壁。共三百餘首。傳布人間。曹山本寂禪師注釋謂之對寒山子詩。

토끼뿔

그러니 도반이 못 된다는
그 속의 비밀을 누설하랴
안 가겠단 그 속에 드러났네

천태(天台) 습득(拾得)

습득은 성도 이름도 전하지 않는다. 풍간 선사가 산에서 거닐다가 적성(赤城)까지 갔을 때에 길옆에서 아기 우는 소리가 나기에 찾아보니, 몇 살 되지 않은 아이가 있었다. 처음에는 소치는 아이로 여기다가 물어 보고서야 버려진 아이임을 알고, 습득이라 이름을 지어 주고 국청사로 데리고 왔다.

처음에 전좌 소임을 맡은 승려에게 맡기면서 말하기를 "혹 누가 찾거든 꼭 내어 주라."고 했는데, 나중에 영습(靈熠)이라는 승려가 그의 뒤를 거두어 식당의 향과 등불을 맡게 되었다.

그러던 어느 날 갑자기 탁자에 올라가 불상과 마주 앉아 밥을 먹기도 하고, 또는 교진여(憍陳如) 상좌의 등상 앞에서 "소과성문(小果聲聞)아." 하고 부르기도 하였다.

天台拾得者。不言名氏。因豐干禪師山中經行。至赤城道側聞兒啼聲遂尋之見一子可數歲。初謂牧牛子。及問之云。孤棄於此。豐干乃名為拾得。攜至國淸寺。付典座僧曰。或人來認必可還之。後沙門靈熠攝受令知食堂香燈。忽一日輒爾登座與佛像對盤而餐。復於憍陳如上座塑形前呼曰。小果聲聞。

승려들이 그를 쫓아내니 영습도 화가 나 큰스님들께 보고해서 그의 소임을 빼앗고, 부엌에서 그릇이나 씻으라고 하였다. 습득이 날마다 공양이 끝난 뒤에 뜨물 찌꺼기를 가라앉혀서 통에 담아두면 한산이 와서 지고 가곤 하였다.

어느 날 마당을 쓰는데 원주가 물었다.
"그대의 이름은 습득이다. 풍간 선사가 그대를 주워 왔는데, 그대의 진짜 성은 무엇인가? 또 어디서 살았는가?"
습득이 비를 던지고 차수(叉手)하고 우뚝 서 있으니, 원주는 어리둥절하였다. 이에 한산이 가슴을 치면서 말하였다.
"아이고, 아이고."
습득이 그에게 물었다.
"그대는 어째서 그러는가?"

僧驅之。靈熠忿然告尊宿等罷其所主。令厨內滌器。常日齋畢澄濾食滓以筒盛之。寒山來即負之而去。一日掃地。寺主問。汝名拾得。豐干拾得汝歸。汝畢竟姓箇什麼。在何處住。拾得放下掃箒叉手而立。寺主罔測。寒山搥胸云。蒼天蒼天。拾得却問。汝作什麼。

한산이 대답하였다.

"듣지 못했는가? 동쪽 집에서 초상이 나면 서쪽 집에서 슬픔을 보탠다는 말이 있다."

그리고 두 사람은 춤을 추고 노래하며 웃으면서 밖으로 나갔다.

이때에 호가람신(護伽籃神)의 사당에다 날마다 대중의 남은 밥을 두면 까마귀가 물어갔다. 이에 습득이가 막대기로 튕기면서 말하였다.

"그대는 밥 하나도 지키지 못하면서 어찌 가람을 지키겠는가?"

그날 밤 가람신이 온 대중의 꿈에 나타나서 말하였다.

"습득이가 나를 때린다."

아침에 승려들이 꿈 이야기를 하다가 서로 부합되자, 온 절이 발칵 뒤집혔다. 이어 고을에 이 사실을 알리니 고을에서 이런 공문이 왔다.

曰豈不見道。東家人死西家助哀。二人作舞哭笑而出。有護伽藍神廟。每日僧厨下食爲烏所有。拾得以杖抶之曰。汝食不能護。安能護伽藍乎。此夕神附夢於合寺僧曰。拾得打我。詰旦諸僧說夢符同。一寺紛然牒申州縣。郡符至云。

"현명한 선비의 숨은 행리로 보아 보살의 화신이기에 마땅히 표창해야 하니 습득을 어진 선비라 부르노라."

이때에 승려 도교가 한산의 문구를 수록해 모으면서 습득의 게송을 곁들여 붙였는데, 이제 몇 편을 다른 기록에다 간략히 수록해 보인다.

賢士隱遁菩薩應身宜用旌之。號拾得爲賢士。時道翹纂錄寒山文句。以拾得偈附之。今略錄數篇。見別卷。

 토끼뿔

성과 고향 습득에게 묻는데
비 던지고 차수함 알겠는가?
풍간은 범을 타고 다녔다네

명주(明州) 봉화현(奉化縣) 포대(布袋) 화상

포대 화상의 성과 종족은 자세하지 않으나 자기가 자칭하는 이름은 계차(契此)였다. 생김새가 비대하고, 이마에 주름이 잡히며, 배가 불룩하고, 말이 일정하지 않으며, 아무데서나 자고 누웠다. 항상 지팡이 끝에다 베자루 하나를 달아 메고 온갖 살림을 모두 그 속에다 넣었다.

저자나 마을에 들어갔다가 물건을 보면 달라고 하는데, 단술이나 고기절임, 생선이나 김치 따위를 만나면 조금 떼어서 입에다 넣고는 나머지는 자루 속에다 넣으니 사람들이 장정자(長汀子) 포대사(布袋師)라 불렀다.

일찍이 눈 속에 누워도 몸이 눈에 젖지 않으니 사람들이 이 때문에 신기하게 여겼다.

明州奉化縣布袋和尚者。未詳氏族。自稱名契此。形裁腲脮蹙額皤腹。出語無定寢臥隨處。常以杖荷一布囊。凡供身之具盡貯囊中。入鄽肆聚落見物則乞。或醯醢魚葅纔接入口分少許投囊中。時號長汀子布袋師也。甞雪中臥雪不沾身。人以此奇之。

혹 사람들에게 무엇을 달라 했다가 돈을 주면 그 사람의 장사가 잘 되었고, 남에게 길흉을 예언해 주면 조금도 틀리지 않았다.

비가 오려 하면 젖은 짚신을 신고 길바닥을 뛰어다니고, 심한 가뭄을 만나면 굽 높은 나막신을 신고 시장의 다리 위에서 무릎을 세우고 자니 사람들이 이것으로 날씨를 짐작하였다.

어떤 승려가 대사의 앞을 가는데, 대사가 그의 등을 한 번 문지르니 승려가 고개를 돌렸다. 이에 대사가 말하였다.
"한 푼 주오."
승려가 말하였다.
"바로 말하면 한 푼 주겠소."
대사가 베자루를 내려놓고 차수를 하고 서 있었다.

백록(白鹿) 화상이 물었다.

或就人乞其貨則售。示人吉凶必應期無忒。天將雨卽著濕草履途中驟行。遇亢陽卽曳高齒木履市橋上竪膝而眠。居民以此驗知。有一僧在師前行。師乃拊僧背一下。僧迴頭。師曰。乞我一文錢。曰道得卽與汝一文。師放下布囊叉手而立。白鹿和尚問。

"어떤 것이 베자루입니까?"

대사가 베자루를 내려놓으니, 그가 또 물었다.

"어떤 것이 베자루 밑의 일입니까?"

대사가 다시 짊어지고 갔다.

선보복(先保福) 화상이 물었다.

"어떤 것이 불법의 대의입니까?"

대사가 베자루를 내려놓고 차수하고 서 있으니, 보복이 다시 물었다.

"다만 그것 뿐입니까? 다시 모든 것을 초월했다는 것마저 세우지 않는 경지가 있습니까?"

대사가 다시 짊어지고 갔다.

대사가 길모퉁이에 서 있으니 어떤 승려가 물었다.

"스님, 여기서 무엇을 하십니까?"

대사가 말하였다.

如何是布袋。師便放下布袋。又問。如何是布袋下事。師負之而去。先保福和尚問。如何是佛法大意。師放下布袋叉手。保福曰。為只如此為更有向上事。師負之而去。師在街衢立。有僧問。和尚在這裏作什麼。師曰。

"누군가를 기다린다."
승려가 말하였다.
"왔습니다. 왔어요."[67]
"그대는 그 사람이 아니다."
"어떤 것이 그 사람입니까?"
"내게 한 푼 다오."

대사는 이런 노래를 불렀다.

마음을 마음이라 하는 그 마음이 부처이니
시방세계에 최고로 신령한 물건일세
종횡으로 묘한 작용 신통한 그놈이니
온갖 것도 마음의 진실함만 못하네

等箇人。曰來也來也(歸宗柔和尚別云。歸去來)。師曰。汝不是這箇人。曰如何是這箇人。師曰。乞我一文錢。師有歌曰。
只箇心心心是佛
十方世界最靈物
縱橫妙用可憐生
一切不如心眞實

---

67) 귀종 유(歸宗柔) 화상이 따로 말하기를 "돌아가라." 하였다. (원주)

활달하고 자재하나 함이 없으니
한가롭고 한가로워 구경지(究竟地)의 출가잘세
눈앞에 참 대도(大道)를 본다고 하여도
털끝만큼 특별하게 여기지도 않는다네

만법이니 마음이니 무엇이 특별하랴
어찌하여 수고로이 경의 뜻 찾을 손가
심왕(心王)은 본래부터 분별이 끊겼으니
지혜로운 이는 배울 것 없는 바탕에 밝다네

騰騰自在無所為
閑閑究竟出家兒
若覩目前真大道
不見纖毫也大奇
萬法何殊心何異
何勞更用尋經義
心王本自絕多和[68]
智者只明無學地

---

68) 和가 송, 원, 명나라본에는 知로 되어 있다.

범부도 성인도 아니라면 다시 뭐라 할꼬
억지 분별 없다면 성인인들 고고하다 하랴
값칠 수 없는 마음구슬 본래 두렷하고 청정커늘
범부는 뛰어난 형상이니 허망한 공이니 한다네

사람이 넓은 도를 분명하게 밝힘에
한량없이 청정하고 드높은 도정이라 하나
석장 짚고 밟은 데가 고향의 길이거니
어디서나 도의 소리 못 들을까 근심 말라

非凡非聖復若乎
不彊分別聖情孤
無價心珠本圓淨
凡是異相妄空呼
人能弘道道分明
無量淸高稱道情
攜錫若登故國路
莫愁諸處不聞聲

또 이런 게송을 읊었다.

발우대 하나로 천 집의 밥을 먹고
고고한 몸으로 만 리를 유희하며
푸른 눈으로 보자니 사람이 적구려
길 물으면 머리 위 흰구름이라 하리

양(梁)의 정명(貞明) 3년 병자(丙子) 3월에 입멸하려 할 때에 악림사(嶽林寺) 동쪽 복도 밑의 반석 위에 단정히 앉아서 게송을 읊었다.

又有偈曰。
一鉢千家飯
孤身萬里遊
青目覩人少
問路白雲頭
梁貞明三[69]年丙子三月師將示滅。於嶽林寺東廊下端坐盤石。而說偈曰。

---

69) 三이 원나라본에는 二로 되어 있다.

미륵이란 참 미륵이
천백 억 몸 나투어
때때로 사람들에게 보였으나
때에 사람들이 스스로 모르더라

　게송을 마치고는 편안히 앉아서 떠났는데, 그 뒤에 다른 고을 사람들은 여전히 대사가 베자루를 메고 다니는 것을 보았다. 이에 사부대중이 앞을 다투어 그의 형상을 그렸는데, 지금도 악림사 큰 법당의 동당(東堂)에는 전신(全身)이 남아 있다.

彌勒眞彌勒
分身千百億
時時示時人
時人自不識
偈畢安然而化。其後他州有人見師亦負布袋而行。於是四眾競圖其像。今嶽林寺大殿東堂全身現存。

 토끼뿔

포대 화상 그 자체가 보임이고
한 거동 한 거동이 설함임을
머리 위 흰구름도 누설일세

스스로 이러-히 밝고 밝아
낮이면 걸식하고 밤엔 잘 뿐
이 밖에 무슨 장점 있으랴
이것이 포대 화상 살림일세

제방의 갖가지 이야기로 든
징(徵), 염(拈), 대(代), 별어(別語)

제방의 갖가지 이야기로 든 징(徵)[70], 염(拈)[71], 대
(代)[72], 별어(別語)[73]

장폐마왕이 일어난 곳을 찾지 못하다

 장폐마왕(障蔽魔王)이 권속들을 거느리고 천 년 동안을 금강제
(金剛齊)보살을 쫓아다녔으나 일어난 곳을 찾지 못하더니, 어느 날
홀연히 발견하고서 물었다.

 諸方雜擧徵拈代別語。障蔽魔王覓起處不得。障蔽魔王領諸眷屬。一千年
隨金剛齊菩薩覓起處不得。忽因一日得見。乃問云。

---

70) 징(徵) : 캐묻거나 또는 밝힌 것들.
71) 염(拈) : 요점을 지적하여 거론한 것 또는 문제를 들어 말한 것.
72) 대(代) : 대신 말한 것.
73) 별어(別語) : 달리 말하거나 또는 특별히 말한 것.

"당신은 어디에 머물러 있었기에 내가 천 년 동안 권속들을 거느리고 찾아도 찾지 못했는가?"

금강제가 대답하였다.

"나는 머무름 있음에 의하지 않고 머무르며, 머무름 없음에도 의하지 않고 머물러 이러-히 머무른다."[74]

汝當於何住。我一千年領諸眷屬覓汝起處不得。金剛齊云。我不依有住而住。不依無住而住。如是而住(法眼擧云。障蔽魔王不見金剛齊即且從。只如金剛齊還見障蔽魔王麼)。

---

74) 법안(法眼)이 이를 들고 말하기를 "장폐마왕이 금강제를 보지 못한 것은 그만두고, 금강제는 장폐마왕을 보았는가?" 하였다. (원주)

 토끼뿔

"당신은 어디에 머물러 있었기에 내가 천 년 동안 권속들을 거느리고 찾아도 찾지 못했는가?" 했을 때

대원은 "단풍 붉고 하늘은 푸르도다." 하리라.

외도가 부처님께 묻다

외도가 부처님께 물었다.
"말 있음으로도 묻지 않고 말 없음으로도 묻지 않습니다."
세존께서 말없이 보이시니, 외도가 절을 하면서 말하였다.
"거룩하십니다. 세존이시여. 대자대비로 저의 어리석음의 구름을 열어 주시어 저로 하여금 들어갈 길을 얻게 하셨습니다."
외도가 떠난 뒤에 아난이 부처님께 물었다.
"외도가 무엇을 증득했기에 들어갈 길을 얻었다 하나이까?"
부처님께서 말씀하셨다.

外道問佛。外道問佛云。不問有言不問無言。世尊良久。外道禮拜云。善哉世尊。大慈大悲開我迷雲令我得入。外道去已阿難問佛云。外道以何所證而言得入。佛云。

"마치 세간에서 좋은 말은 채찍 그림자만 보아도 달리는 것과 같느니라."[75]

如世間良馬見鞭影而行(玄覺徵云。什麼處是世尊擧鞭處。雲居錫云。要會麼。如今歸堂去復是阿誰。東禪齊拈云。什麼處是外道悟處。眾中道世尊良久時。便是擧鞭處。怎麼會還得已否)。

---

75) 현각(玄覺)이 묻기를 "어디가 세존께서 채찍을 드신 곳인가?" 하였다.
　　이에 운거 석(雲居錫)이 말하기를 "알고자 하는가? 지금 제각기 방으로 돌아가는 것이 또 누구인고?" 하였다.
　　동선 제(東禪齊)가 말하기를 "어디가 외도가 깨달은 곳인가? 대중에서 말하기를 세존께서 말없이 보인 것이 채찍을 드신 곳이라 하는데, 이렇게 아는 것을 깨달았다고 하겠는가?" 하였다. (원주)

토끼뿔

세존의 묵언하신 그때여
허물없는 보임에 천연해짐
아난의 경지로는 어림없네

긴나라왕이 무생악을 연주하다

긴나라왕(緊那羅王)이 무생악(無生樂)을 연주하여 세존께 공양하며 말하기를 "유정이나 무정이여, 모두 왕을 따르라. 만일 한 물건이라도 왕을 따르지 않는 것이 있다면 부처님의 처소에 갈 수 없다."라고 하였다.

또 무염족왕(無厭足王)이 대적정(大寂定)에 들어 말하기를 "유정이나 무정이여, 모두 왕을 따르라. 만일 한 물건이라도 왕을 따르지 않는 것이 있다면 곧 대적정에 들 수 없다."라고 하였다.[76]

緊那羅王奏無生樂。緊那羅王奏無生樂供養世尊。王勅有情無情俱隨王去。若有一物不隨王。即去佛處不得。又無厭足王入大寂定。王勅有情無情皆順於王。如有一物不順王。即入大寂定不得(雲居錫云。有情去也且從。只如山河大地是無情之物。作麼生說亦隨王去底道理)。

---

76) 운거 석(雲居錫)이 말하기를 "유정이 가는 것은 그만두고, 산하대지는 무정의 물건인데 왕을 따라간다고 말할 수 있는 도리가 어떤 것인가?" 하였다. (원주)

토끼뿔

어째서 대적정(大寂定)엔 그럴꼬?

채소밭 유채꽃은 노랗고
하늘에 낮달 빛은 하얗다.

계빈국왕이 칼을 잡고 사자존자에게 묻다

계빈국왕(罽貧國王)이 칼을 잡고 사자존자(師子尊者)의 앞에 나서서 물었다.
"스님은 오온이 공함을 얻었소?"
존자가 대답하였다.
"오온이 공함을 이미 얻었습니다."
"오온이 공함을 얻었으면 생사를 여의었소?"
"벌써 생사를 여의었습니다."
"생사를 여의었다면 스님의 머리를 베어도 되겠소?"
"몸도 나의 것이 아닌데 하물며 머리이겠습니까?"

罽賓國王秉劍詣師子尊者。罽賓國王秉劍詣師子尊者前問曰。師得蘊空否。師曰。已得蘊空。曰既得蘊空離生死否。師曰。已離生死。曰既離生死就師乞頭還得否。師曰。身非我有豈況於頭。

왕이 선뜻 목을 치니 흰 젖이 솟아오르고 왕의 팔이 저절로 떨어졌다.[77]

王便斬之出白乳。王臂自墮(玄覺徵云。且道斬著斬不著。玄沙云。大小師子尊者不能與頭作主。玄覺又云。玄沙恁麼道。要人作主不要人作主。若也要人作主蘊即不空。若不要人作主。玄沙恁麼道意在什麼處。試斷看)。

---

77) 현각(玄覺)이 밝히기를 "말해 봐라. 베었는가, 베지 못했는가?" 하였다.
   현사(玄沙)가 말하기를 "대단하신 사자존자께서 머리의 주인이 되지 못했다." 하였다.
   현각이 또 말하기를 "현사가 이렇게 말한 것은 주인이 되길 바라는 것인가, 주인이 되길 바라지 않는 것인가? 만약 사람이 주인이 되길 바란다면 오온이 곧 공하지 못한 것이다. 만약 주인이 되길 바라지도 않는 것이라면 현사가 이렇게 말한 뜻이 어디에 있는가? 점검해서 결단해 보아라." 하였다. (원주)

 토끼뿔

얻었느니 공했느니 여였느니
이 무슨 대낮의 잠꼬댄고
현사도 옳긴 하나, 같은 이일세

사주 탑두의 시자가 때가 되어 문을 잠그다

사주(泗州) 탑두(塔頭)의 시자가 때가 되어 문을 잠그는데, 어떤 사람이 물었다.
"삼계의 대사인데 어째서 제자들에게 갇히십니까?"
시자가 대답하지 못하였다.[78]

泗州塔頭侍者及時鎖門。泗州塔頭侍者及時鎖門。有人問。旣是三界大師爲什麼被弟子鎖。侍者無對(法眼代云。弟子鎖大師鎖。法燈代云。還我鎖匙來。又老宿代云。吉州鎖虔州鎖)。

---

78) 법안(法眼)이 대신 말하기를 "제자가 갇혔는가, 대사가 갇혔는가?" 하였다.
법등(法燈)이 대신 말하기를 "나에게 열쇠를 내놓아 봐라." 하였다.
또 노숙(老宿)이 대신 말하기를 "길주(吉州)의 자물쇠인가, 건주(虔州)의 자물쇠인가?" 하였다. (원주)

 토끼뿔

어떤 그분 전광 같은 그 물음
여섯 시자 자유자재 부린 이어야
조금은 알 것일세 하리라.

어떤 이가 승려에게 묻다

어떤 이가 승려에게 물었다.
"듣건대 스님은 조론(肇論)을 강의 하신다는데 사실입니까?"
그 승려가 대답하였다.
"그렇다 하기에 외람스럽소."
"조론에는 물건에 변하지 않는 이치가 있다는데 옳습니까?"
"그렇소."
그 사람이 찻잔을 땅에다 팽개쳐 깨뜨리면서 말하였다.
"이것은 변한 것입니까, 변하지 않은 것입니까?"
승려가 대답이 없었다.[79]

問僧。或問僧。承聞大德講得肇論是否。曰不敢。曰肇有物不遷義是否。曰是。或人遂以茶盞就地撲破曰。這箇是遷不遷。無對(法眼代拊掌三下)。

---

79) 법안(法眼)이 대신 손뼉을 세 차례 쳤다. (원주)

 토끼뿔

어떤 이가 이 질문에 소매를 떨치고서 가버렸다면
대답을 한 것인가? 대답을 안한 것인가?

한나라 개 후견인 아닌 이상
이러-해 그 질문도 잠꼬대니
엽차나 드시는 게 좋겠구려

악보의 시자가 화상에게 말하다

악보(樂普)의 시자가 화상에게 말하였다
"조 법사(肇法師)가 지은 네 가지 논(論)이 퍽 묘합니다."
악보가 말하였다
"조공(肇公)이 퍽 묘하기는 하나 조사의 견처는 없다."
시자가 대답이 없었다.[80]

樂普侍者謂和尚。樂普侍者謂和尚曰。肇法師制得四論甚奇怪。樂普曰。肇公甚奇怪要且不見祖師。侍者無對(法燈代云。和尚什麼處見。雲居錫云。什麼處是肇公不見祖師處。莫是有許多言語麼。又云。肇公有多少言語)。

---

80) 법등(法燈)이 대신 말하기를 "화상은 어디서 보셨습니까?" 하였다.
운거 석(雲居錫)이 말하기를 "어느 곳이 조공이 조사를 보지 못한 곳인가? 말이 많았다고도 말아야 하는가?" 또 말하기를 "조공은 얼마만큼의 말이 있었다 해야 하는가?" 하였다. (원주)

 토끼뿔

사제분들 낮잠을 깨소서
고양이는 양지를 즐기고
제비는 빨래줄서 노래네

무봉탑을 만들다

두 승려가 각각 암자에 살면서 서로 왕래하였는데, 우연히 10여 일을 만나지 못하다가 어느 날 산에 오르던 길에서 만났다. 이에 위의 암주(菴主)가 물었다.
"오랫동안 보이지 않았는데 어디에 계셨소?"
아래 암주가 대답하였다.
"다만 암자에서 무봉탑(無縫塔)을 만들고 있었소."
"나도 무봉탑을 만들고자 하는데 스님께 가서 견본을 빌려야 되겠습니다."
"왜 진작 말씀하시지 않았소. 벌써 다른 사람이 빌려 갔습니다."[81]

造無縫塔。有兩僧各住菴尋常往來。偶旬日不會。一日上山相見。上菴主問曰。多時不見在什麼處。下菴主曰。只在菴裏造箇無縫塔子。上菴主曰。某甲也欲造箇無縫塔。就菴主借取樣子。曰何不早道。恰被人借去也(法眼擧云。且道借伊樣子不借伊樣子)。

---

81) 법안(法眼)이 이 일을 들어 말하기를 "말해 봐라. 그 견본을 빌릴 수 있는 것인가, 빌릴 수 없는 것인가?" 하였다. (원주)

 토끼뿔

암주와 암주의 스님들
무봉탑을 짓고 빌릴 것이든가
매는 떴고 폭포수는 바쁘다

어떤 노파가 장경을 읽어 달라 청하다

어떤 노파가 사람을 시켜 노숙에게 돈을 보내면서 장경(藏經)을 읽어 달라 하였다. 노숙이 돈을 받자 곧 선상에서 내려와 한 바퀴 돌고는 말하였다.

"노파에게 가서 장경을 한 번 다 읽었다고 전하라."

그 사람이 노파에게 가서 이야기하니, 노파가 말하였다.

"이번에 장경 전부를 읽어 달라 했는데 겨우 절반만 읽어 주는구나."[82]

有婆子請開藏經。有婆子令人送錢去。請老宿開藏經。老宿受施利便下禪床轉一帀乃云。傳語婆子轉藏經了也。其人迴擧似婆子。婆云。此來請開全藏。只爲[83]開半藏(玄覺徵云。什麼處是缺半藏處。且道那箇婆子具什麼眼便恁麼道)。

---

82) 현각(玄覺)이 밝히기를 "어디가 장경의 반이 부족한 곳인가? 말해 봐라. 이 노파는 어떤 안목을 가지고 있기에 그렇게 말한 것인가?" 하였다. (원주)

83) 只爲가 원나라본에는 爲甚으로 되어 있다.

 토끼뿔

돈을 받고 말하길 "전하라 했는데 무엇을 전하리까?" 한다면

대원은 "이대로만 전하라" 하리라.

지공이 혜사 대선사에게 말을 전하다

지공(誌公)이 사람을 시켜 혜사(慧思) 대선사에게 "산에서 내려와 중생을 교화하지 않고 구름이나 쳐다보는 이를 뭐하겠소?"라고 말을 전하니, 혜사가 대답하였다.
"삼세의 부처님들마저 내 한입에 몽땅 삼켰는데, 다시 무슨 교화할 중생이 있으리오."[84]

誌公傳語思大禪師。誌公[85]令人傳語慧思大禪師。何不下山教化眾生。目視雲漢作麼。思大曰。三世諸佛被我一口吞盡。更有甚眾生可教化(玄覺徵云。且道是山頭語山下語)。

---

84) 현각(玄覺)이 밝히기를 "말해 봐라. 이것이 산 위의 말씀인가, 산 밑의 말씀인가?" 하였다. (원주)
85) 誌公이 원나라본에는 有老宿으로 되어 있다.

 토끼뿔

혜사 선사 입을 그 누가 이르라면 대원은

동산 달 서산 해라 하리니
토달 사람 있거든 달아 보게

수산주가 취암 화상에게 묻다

용제(龍濟)의 수산주(修山主)가 취암(翠巖)에게 물었다.

"네 명의 건달바왕(乾闥婆王)이 음악을 연주하여 세존께 공양하니, 수미산이 진동하고 바다가 출렁이며 가섭은 일어나서 춤을 추었고 보살은 인욕을 얻었다 하며 성문은 자신에게만 치우쳐 움직이지 않았다 하겠지만 다만 가섭의 춤추는 뜻은 어떠한 것입니까?"

취암이 대답하였다.

"다만 가섭은 전생에 풍류하는 사람이었을 뿐 습기를 끊지 못함이라고야 하겠는가."

수산주가 말하였다.

"수미산이나 큰 바다처럼 습기를 끊지 못한 것이라고는 할 수 없는 것 아닙니까?"

취암이 대답이 없었다.[86]

修山主問翠巖。龍濟修山主問翠巖曰。四乾闥婆王奏樂供養世尊。直得須彌振動大海騰波。迦葉起舞。菩薩得忍。不動聲聞頗我。只如迦葉作舞意旨如何。對曰。迦葉過去生中曾作樂人來習氣未斷。山主曰。須彌大海莫是習氣未斷否。翠巖無對(法眼代云。正是習氣)。

---

86) 법안(法眼)이 대신 말하기를 "바로 그것이 습기다." 하였다. (원주)

 토끼뿔

수산주여, 옳기는 옳으나
한 관문이 있음을 어쩌리오
아차차, 소매날려 가버리다

어떤 승려가 노숙을 모시다

어떤 승려가 한 노숙을 한여름 동안 모셨으나 한 말씀도 얻어듣지 못하자 탄식하였다.

"이렇게 한여름을 헛보내면서 불법은 한마디도 듣지 못했다. 그저 바른 원인〔正因〕이란 두 글자만 들었더라도 깨달았을 터인데…."

노숙이 듣고 말하였다.

"사리여, 너무 조급히 굴지 마오. 바른 원인을 논한다면 한 자랄 것도 없는 것이오."

이렇게 말해 마치고는 이를 세 차례 부딪치고 말하였다.

"방금 공연히 그런 말을 했군."

有僧親附老宿。有僧親附老宿一夏不蒙言誨。僧歎曰。只恁麼空過一夏不聞佛法。得聞正因兩字亦得也。老宿聞之乃曰。闍梨莫速。若論正因一字也無。恁麼道了叩齒三下曰。適來無端恁麼道。

옆방에 있던 승려가 듣고 말하였다.

"한 가마솥에 가득한 좋은 국을 쥐똥 두 개 때문에 더럽혔다."[87]

隣房僧聞曰。好一鑊羹被兩顆鼠糞污却(玄覺徵云。且道讚歎語不肯語。若是讚歎爲什麼道鼠糞污却。若不肯他有什麼過驗得麼)。

---

87) 현각(玄覺)이 말하기를 "말해 봐라. 찬탄하는 말이겠는가, 부정하는 말이겠는가? 만일 찬탄하는 말이라면 어째서 쥐똥에 더럽혀졌다 하는가? 만일 부정하는 말이라면 무슨 허물이 있어서인가? 증거할 수 있겠는가?" 하였다. (원주)

 토끼뿔

"이렇게 한여름을 헛보내면서 불법은 한마디도 듣지 못했다. 그저 바른 원인[正因]이란 두 글자만 들었더라도 깨달았을 터인데…." 했을 때

대원은 "악" 하고

"눈 귀 막고 산 놈아" 하리라.

승조 법사가 환난을 당하다

승조(僧肇) 법사가 진왕(秦王)에게 환난을 당할 때에 형장에 나가면서 다음과 같은 게송을 읊었다.

사대가 원래에 주인 없고
오온이 본래에 공하도다
머리에 칼날 번쩍 휘두르나
봄바람을 베는 것 같다 하리[88]

僧肇法師遭難。僧肇法師遭秦主難。臨就刑說偈曰。
四大元無主
五陰本來空
將頭臨白刃
猶似斬春風

(玄沙云。大小肇法師臨死猶寐語)。

---

88) 현사(玄沙)가 말하기를 "대단하시다는 조 법사가 죽음을 당해서도 여전히 잠꼬대를 하는구나." 하였다. (원주)

토끼뿔

사대니 오온이니 누가 지은 번뇌인고
머리 위 칼날이여 이 무슨 짓인고
노어부 노을 지고 배에 내려 돌아온다

속임 없는 힘

어떤 승려가 어떤 노숙에게 물었다.

"사자가 토끼를 잡을 때에도 그의 힘을 다하고, 코끼리를 잡을 때에도 그의 힘을 다한다 했으니, 그 다한다는 것이 무슨 힘입니까?"

노숙이 말하였다.

"속임 없는 힘이다."[89]

不欺之力。僧問老宿云。獅子捉兎亦全其力。捉象亦全其力。未審全箇什麼力。老宿云。不欺之力(法眼別云。不會古人語)。

---

89) 법안(法眼)이 따로 말하기를 "옛사람의 말을 알지 못하는구나." 하였다. (원주)

토끼뿔

다한다는 그 힘이 무슨 힘이냐고 한다면

석가는 영산서 꽃을 들고
운문은 똥막대를 들었으며
대원은 코털 뽑아 드노라

이고가 노숙이 혼자 앉아 있는 것을 보다

이고(李翶) 상서(尙書)가 어떤 노숙이 혼자 앉아 있는 것을 보고 물었다.
"장실(丈室)에 단정히 앉아서 무엇을 하십니까?"
노숙이 말하였다.
"법신은 응연(凝然)히 고요하여 가고 옴도 없소."[90]

李翶見老宿獨坐。李翶尙書見老宿獨坐問曰。端居丈室當何所務。老宿曰。法身凝寂無去無來(法眼別云。汝作什麼來。法燈別云。非公境界)。

---

90) 법안(法眼)이 따로 말하기를 "그대는 어디서 왔는가?" 하였다.
　　법등(法燈)이 따로 말하기를 "공(公)의 경지가 아니오." 하였다. (원주)

토끼뿔

응연히 앉아 있는 노옹이여
참으로 일이 없는 때로세
이 경지 알고픈가? 문수다

어떤 선객이 불전에 와서 부처님을 등지고 앉다

어떤 선객이 불전(佛殿)에 와서 부처님을 등지고 앉으니, 승려가 말하였다.
"도사여, 부처님을 등지고 앉지 마시오."
선객이 대꾸하였다.
"대덕들이 본래 가르치기를 '부처의 몸이 법계에 가득 찼다.'라고 했는데 어디를 향해 앉았다 하겠소?"
승려가 대답이 없었다.[91]

有道流在佛殿前背坐。有道流在佛殿前背坐。僧曰。道士莫背佛。道流曰。大德本教中道。佛身充滿於法界。向什麼處坐得。僧無對(法眼代云。識得汝)。

---

91) 법안(法眼)이 대신 말하기를 "그대를 알겠다." 하였다. (원주)

 토끼뿔

어디를 향하여서 앉을고
법당의 부처상은 노랗고
뜰에 핀 불두화는 희도다

선월의 시

선월(禪月)이 시를 지어 읊었다.

선객은 서로 만나면 다만 손가락을 튕기는데
이 마음을 몇 사람이나 알리오

이에 대수(大隨) 화상이 이 시를 들어 선월에게 물었다.
"어떤 것이 이 마음인가?"
선월이 대답이 없었다.[92]

禪月詩。禪月詩云。
禪客相逢只彈指
此心能有幾人知
大隨和尚擧問禪月。如何是此心。無對(歸宗柔代云。能有幾人知)。

---

92) 귀종 유(歸宗柔)가 대신 말하기를 "몇 사람이나 능히 알고 있을까?" 하였다. (원주)

토끼뿔

손가락을 튕기는 이 마음을
대원 향해 단박에 보이라면
오른손으로 왼손을 감싸리라

육통원의 승려가 나룻배를 타다

태주(台州) 육통원(六通院)의 승려가 나룻배를 탔는데, 어떤 사람이 물었다.
"이미 육통이라 하면서 왜 배를 사용합니까?"
승려가 대답이 없었다.[93]

六通院僧欲渡船。台州六通院僧欲渡船。有人問。旣是六通爲什麽假船。無對(天台韶國師代云。不欲驚衆)。

---

93) 천태(天台) 덕소(德韶) 국사가 대신 말하기를 "대중을 놀라게 하고 싶지는 않다." 하였다. (원주)

 토끼뿔

"이미 육통이라 하면서 왜 배를 사용합니까?" 했을 때

대원은 이르노라.

육통이 아니라면 어찌 타랴
뜨고도 못 본 봉사 이 사람아
험.

성승의 등상에 비가 새어 젖다

성승(聖僧)의 등상에 비가 새어 젖으니 어떤 사람이 물었다.
"성승인데 어째서 새는 것이 있습니까?"[94]

聖僧像被屋漏滴。聖僧像被屋漏滴。有人問。旣是聖僧爲什麽有漏(天台國師代云。無漏不是聖僧)。

---

94) 천태(天台) 국사가 대신 대답하기를 "샘(漏)이 없다 하더라도 성승은 못 된다." 하였다. (원주)

 토끼뿔

등상은 아무 분별 없는데
분별을 일으켜 묻는구나
6·6은 뒤집어도 36일세

눈뜨고도 보고 듣지 못한 자라
꾸짖으시는 그 말씀 못듣는가
자기 낯에 침 뱉는 일일 것일세

죽은 고기가 물 위에 뜨다

죽은 고기가 물 위에 뜬 것을 보고 어떤 사람이 승려에게 물었다.
"고기는 물로써 생명을 유지하는 것이 아니오?"
"그렇소."
"그렇다면서 왜 오히려 물속에서 죽었을까요?"
승려가 대답이 없었다.[95]

死魚浮於水上。死魚浮於水上。有人問僧。魚豈不是以水爲命。僧曰。是。曰爲什麼却向水中死。無對 (杭州天龍機和尙代云。是伊爲什麼不去岸上死)。

---

95) 항주(杭州) 천룡(天龍) 기(機) 화상이 대신 말하기를 "옳소, 왜 언덕 위로 올라가서 죽지 않았을까?" 하였다. (원주)

 토끼뿔

그 고기 보는 나를 보게나
보는 나를 무릎 쳐 아는 그날
9 · 9는 81이라 외칠 걸세

승려가 운대 흠 화상에게 묻다

어떤 승려가 운대(雲臺) 흠(欽) 화상에게 물었다.
"어떤 것이 진언(眞言)입니까?"
흠 화상이 말하였다.
"나무불타야(南無佛陀耶)니라."[96]

僧問雲臺欽和尚。僧問雲臺欽和尚。如何是真言。欽曰。南無佛陀耶(大章如菴主別云。作麼作麼)。

---

[96] 대장여(大章如) 암주가 따로 말하기를 "뭐 어쩌고 어째?" 하였다. (원주)

🐦 토끼뿔

어떤 것이 진언이냐 하였는가?
똥막대란 운문 뜻이 진언이며
잣나무란 조주 뜻이 진언일세

강남의 국주가 노숙에게 묻다

강남(江南)의 국주(國主)가 어떤 노숙에게 물었다.
 "나에게 수고우(水牯牛) 한 마리가 있는데 만 리에 한 치의 풀도 없으니 어느 곳을 향해 놓아야 되겠소?"[97]

 江南國主問老宿。江南國主問老宿。予有一頭水牯牛萬里無寸草。未審向什麼處放(歸宗柔代云。好放處)。

---

97) 귀종 유(歸宗柔)가 대신 말하기를 "놓은 곳이 좋다." 하였다. (원주)

 토끼뿔

만리에 펼쳐있는 대지가
고구정녕 누설을 하건만
그 어찌 못 들었는가

남전 화상이 입적하다

　남전(南泉) 화상이 입적하자 육긍(陸亘) 대부(大夫)가 조문을 왔는데 원주가 물었다.
　"대부는 왜 선사를 위해 곡을 하지 않으십니까?"
　대부가 말하였다.
　"원주가 바로 이르면 곡을 하겠소."
　원주가 대답을 못하였다.[98]

　南泉和尚遷化。南泉和尚遷化。陸亘大夫來慰。院主問。大夫何不哭先師。大夫曰。院主道得亘即哭。無對(歸宗柔代云。哭哭)。

---

98) 귀종 유(歸宗柔)가 대신 말하기를 "아이고, 아이고." 하였다. (원주)

🐦 토끼뿔

남전 화상 원주로서 이르기를
방에는 관, 문밖에는 인파로세
그랬으면 될 것을 바보구려

풍연기가 종산을 유람하다

강남의 재상 풍연기(馮延己)가 몇몇 승려들과 종산(鍾山)에 왔다가 일인천(一人泉) 앞에 이르러 물었다.
"일인천인데 많은 사람이 어떻게 흡족하겠는가?"
어떤 승려가 대답하였다.
"부족하지는 않습니다."
연기가 긍정하지 않고 있다가 따로 말하였다.
"누가 부족하다고 했는가?"[99]

馮延己遊鍾山。江南相馮延己與數僧遊鍾山。至一人泉問。一人泉許多人爭得足。一僧對曰。不教欠少。延己不肯。乃別云。誰人欠少(法眼別云。誰是不足者)。

---

99) 법안(法眼)이 따로 말하기를 "부족한 이가 누구인가?" 하였다. (원주)

토끼뿔

일인천 물 무수인이 흡족할 그 도리를 알고픈가?
일인천 맑은 물에 흰구름이 이르는 말 못듣는가?
그 눈이며 그 귀는 장식으로 붙여놓은 것인가?

시주하는 부인이 나이만큼 돈을 보시하다

어떤 시주하는 부인이 절에 와서 승려들에게 나이만큼 돈을 보시하여 올리는데 어떤 승려가 말하였다.
"성승(聖僧) 앞에도 한 몫 놓으시오."
부인이 물었다.
"성승의 연세는 몇 세십니까?"
승려가 대답이 없었다.[100]

施主婦人行隨年錢。有施主婦人入院行眾僧隨年錢。僧曰。聖僧前著一分。婦人曰。聖僧年多少。僧無對(法眼代云。心期滿處即知)。

---

100) 법안(法眼)이 대신 말하기를 "마음이 원만하면 곧 안다." 하였다. (원주)

 토끼뿔

성승 나이 대원에게 묻는다면
앞산의 백일홍은 붉디붉고
집뒤 솔밭 푸르고도 푸르다

법등이 새로 온 승려에게 묻다

법등(法燈)이 새로 온 승려에게 물었다.
"지금 어디서 왔는가?"
"여산(廬山)에서 왔습니다."
법등이 향합(香合)을 번쩍 들고 말하였다.
"여산에도 이런 것이 있던가?"
승려가 대답이 없었다.[101]

法燈問新到僧。法燈問新到僧。近離什麼處。曰廬山。師拈起香合曰。廬山還有這箇也無。僧無對(師自代云。尋香來禮拜和尙)。

---

101) 대사가 스스로 대신 말하기를 "향을 찾아가지고 화상께 예배하러 왔습니다." 하였다. (원주)

토끼뿔

혹 누가 대원에게 그렇게 물었다면
그런 것 있는 것은 묻지를 않겠으니
없는 곳 있거들랑 가리켜 봐라 하리

승려가 앙산에게 묻다

승려가 앙산(仰山)에게 물었다.
"보름달 같은 활이 물고 있는 화살이라는 뜻이 무엇입니까?"
앙산이 말하였다.
"물려있는 화살이다."
 승려가 입을 열려 하니, 앙산이 말하였다.
"입을 열면 당나귀 해가 되어도 알지 못한다."
 승려가 대답이 없었다.[102]

僧問仰山。僧問仰山。彎弓滿月齩鏃意如何。仰山曰。齩鏃。僧擬開口。仰山曰。開口驢年也不會。僧無對(南泉代側身而立)。

---

102) 남전(南泉)이 대신 몸을 기울이고 서 있었다. (원주)

토끼뿔

지금의 그대 같은 이에게 한 말이니
보는 자신 바로 보아 그르침이 없으면
삼세도 나귀해의 토끼뿔이리라

행자가 부처님께 침을 뱉다

어떤 행자(行者)가 법사를 따라 불전에 들어갔다가 부처님께 침을 뱉으니, 법사가 말하였다.
"행자는 버릇이 없구나. 왜 부처님께 침을 뱉는가?"
행자가 대답하였다.
"부처님 안 계신 곳을 보여 주시오. 거기다 침을 뱉겠소."
법사가 대답이 없었다.[103]

行者向佛而唾。有一行者隨法師入佛殿。行者向佛而唾。法師曰。行者少去就何以唾佛。行者曰。將無佛處來與某甲唾。無對(潙山云。仁者却不仁者。不仁者却仁者。仰山代法師云。但唾行者。又云。行者若有語即向伊道。還我無行者處來)。

---

103) 위산(潙山)이 말하기를 "어진 이는 도리어 어질지 못하게 되었고, 어질지 못한 이는 도리어 어질게 되었구나." 하였다.
앙산(仰山)이 법사를 대신해서 말하기를 "다만 행자를 향해 침을 뱉으리라." 또 말하기를 "행자가 무슨 말을 하려 하면 그를 향해 나에게 행자가 없는 곳을 일러 봐라 하리라." 하였다. (원주)

🐇 토끼뿔

행자의 얼굴에다 침을 뱉고
이때 마음 어떠한가 하여서
수기설법 행함으로 이끌리라

감산주가 원통원에 이르다

언대(偃臺) 감산주(感山主)가 원통원(圓通院)에 와서 제일좌를 보니, 제일좌가 물었다.
"원통에는 길이 없는데 산주는 어떻게 여길 오셨소?"[104]

感山主到圓通院。偃臺感山主到圓通院相看。第一座問曰。圓通無路。山主爭得到來(歸宗柔代云。不期又得相見)。

---

104) 귀종 유(歸宗柔)가 대신 말하기를 "만남도 없이 서로 보았군." 하였다. (원주)

 토끼뿔

원통이라 참으로 쉽고 쉽죠
오고프면 이러-히 왔다가

가고프면 이러-히 감없는 감
이러-히 자재하는 이 도량이

어상내림 전혀 없는 참인 것을
제일좌여 그 어찌 모르는가

어떤 승려가 명부에 들어가다

어떤 승려가 명부(冥府)에 들어가서 지장보살을 만났는데, 지장보살이 물었다.
"너는 평생에 무슨 업을 닦았는가?"
승려가 대답하였다.
"『법화경』을 독송하였습니다."
"그만둬라. 그만둬. 우리 이 법은 묘하고 생각하기 어려워서 설할 수 없다고 했으니 이것을 설한 것이라 하겠는가, 설하지 않은 것이라 하겠는가?"
승려가 대답이 없었다.[105]

有僧入冥。有僧入冥見地藏菩薩。地藏問。是你平生修何業。僧曰。念法華經。曰止止不須說我法妙難思。爲是說是不說。無對(歸宗柔代云。此迴歸去敢請流通)。

---

105) 귀종 유(歸宗柔)가 대신 말하기를 "이에 돌아가 감히 유통할 것을 청합니다." 하였다. (원주)

 토끼뿔

백의관음 설함 없이 설하고
남순동자 들음 없이 듣는 도리

이 자리를 여의잖고 알고픈가
병 속에 꽂힌 버들 푸르다

그래도 알아채지 못했다면
바위앞 대 거듭 보여 주노라.

귀종 유 화상이 어떤 승려에게 말하다

귀종 유(歸宗柔) 화상이 어떤 승려에게 말하였다.
"무슨 경을 보고 있는가?"
"『보적경(寶積經)』을 보고 있습니다."
"사문이면서 어떻게 보배 무더기나 본다 하는가?"
승려가 대답을 못하였다[106]

歸宗柔和尚問僧。歸宗柔和尚問僧。看什麼經。曰寶積經。柔曰。既是沙門爲什麼看寶積。無對(柔自代云。古今用無極)。

---

106) 귀종 유(歸宗柔)가 스스로 대답하기를 "옛부터 지금까지 써도 다함이 없소." 하였다. (원주)

 토끼뿔

사문이라 보적을 본다오
중생의 세계가 있기에
보적은 진정으로 필요하오

그림자 없기에 보적이라 한다오
써도 다함 없기에 보적이라 한다오
받은 자는 받음 없어 보적이라 한다오

베풀어서 베풂 없음 보적이라 한다오
자리이타 이것을 보적이라 한다오
자성의 화장계를 보적이라 한다오

유우가 선운거 화상에게 묻다

유우단공(劉禹端公)이 비 오는 것을 보고 선운거(先雲居) 화상에게 물었다.
"비가 어디서 옵니까?"
운거가 대답하였다.
"단공이 물으시는 곳에서 옵니다."
단공이 기뻐하며 찬탄하니, 운거가 다시 단공에게 물었다.
"묻는 것은 어디서 왔습니까?"
단공이 말이 없었다. 이에 어떤 노숙이 대신 대답하였다.
"아까 무어라 했던가?"[107]

劉禹問先雲居和尙。劉禹端公因雨問先雲居和尙。雨從何來。曰從端公問處來。端公歡喜讚歎。雲居却問端公。問從何來。無語。有老宿代云。適來道什麽(歸宗柔別云。謝和尙再三)。

---

107) 귀종 유(歸宗柔)가 따로 말하기를 "화상께서 두세 번 말씀해 주셔서 고맙습니다." 하였다. (원주)

🐰 토끼뿔

묻는 것은 어디서 왔나 할 때
구름 검고 물거품 하얗구려
그렇게 일렀으면 되는 것을…

노파가 신통을 부리다

옛날에 어떤 승려 세 사람이 행각을 떠났다가 경산(徑山) 화상을 뵈러 가던 길에 어떤 노파를 만났다. 때마침 노파는 벼를 베고 있었는데, 한 승려가 물었다.
"경산은 어디로 갑니까?"
노파가 대답하였다.
"똑바로 가시오."
"바로 앞에는 깊은 물이 있는데 건너갈 수 있겠습니까?"
"다리는 젖지 않습니다."
다른 승려가 또 물었다.
"윗 논의 벼는 그렇게 좋은데 아랫 논의 벼는 그렇게 안 되었군요."
"아랫 논의 벼는 게〔螃蟹〕들이 다 뜯어 먹었습니다."

老婆自逞神通。昔有三僧雲遊。擬謁徑山和尚。遇一婆子時方收稻次。一僧問曰。徑山路何處去。婆曰。驀直去。僧曰。前頭水深過得否。曰不濕脚。僧又問。上岸稻得恁麽好。下岸稻得恁麽怯。曰下岸稻總被螃蟹喫却也。

승려가 말하였다.

"퍽 향취를 냈던 것이군요."

노파가 말하였다.

"냄새가 없습니다."

또 다른 승려가 물었다.

"노파는 어디 사시오?"

"그저 여기에 있지요."

세 승려가 가게 안으로 들어가니, 노파는 차 한 병을 달여 찻잔 세 개를 소반 위에 놓고 말하였다.

"스님네가 신통이 있거든 차를 마시시오."

세 사람이 대답이 없었고 또 감히 차를 마시지 못하였다.

이에 노파가 말하였다.

"노파가 신통을 부릴 터이니 구경하시오."

그리고는 찻잔을 들어 차를 따라서 돌렸다.

僧曰。太香生。曰勿氣息。僧又問婆。住在什麼處。曰只在這裏。三僧乃入店內。婆煎茶一缾將盞子三箇安盤上謂曰。和尚有神通者即喫茶。三人無對。又不敢傾茶。婆曰。看老婆自逞神通也。於是便拈盞子傾茶行。

 토끼뿔

신통이 있거든 차 들라면
가져다가 마시면 되는 것을
세 분 다 식충이와 뭐 다를꼬?

법안 화상이 젊은이에게 말하다

법안(法眼) 화상이 젊은이에게 말하였다.

"자식으로 인하여 아버지(爺爺)108)를 안다는데, 네 아버지의 이름이 무엇이냐?"109)

젊은이가 대답을 못하였다.

법안 화상이 얼른 다른 승려에게 물었다.

"만일 효성스런 아들이라면 의당 한 마디 했어야 했다. 말해 봐라. 의당 어떤 말을 했어야 옳은가?"

승려가 대답이 없었다.110)

法眼和尙謂小兒。法眼和尙謂小兒曰。因子識得爺爺111)名什麽。無對(法燈代云。但將衣袖掩面)。法眼却問一僧。若是孝順之子合下得一轉語。且道合下得什麽語。無對(法眼自代云。他是孝順之子)。

---

108) 야야(爺爺) : 원문의 야야(爺爺)는 아버지를 높여 이르던 말이다.
109) 법등(法燈)이 대신 말하기를 "다만 옷깃으로 얼굴을 가리면 된다." 하였다. (원주)
110) 법안(法眼)이 스스로 대신 말하기를 "그는 효성스런 아들입니다." 하였다. (원주)
111) 爺爺가 송, 원나라본에는 你爺你爺로 되어 있다.

 토끼뿔

효성스런 아들이라 그림자가 없습니다
이랬으면 되는 것을 대답을 못하니
법안 거듭 입을 열게 하였구나

승려가 아미타경을 강의하는 강사에게 묻다

어떤 승려가 『아미타경』을 강의하는 강사에게 물었다.
"물, 새, 나무, 숲이 모두 불법승을 염(念)한다 하는 부분을 어떻게 강의하십니까?"
강사가 대답하였다.
"기(基) 법사가 말하기를 '참된 벗은 청하기를 기다리지 않고 어미가 아기에게로 가듯 한다.'라고 하였소."
승려가 다시 물었다.
"어떤 것이 참된 벗은 청하기를 기다리지 않는다고 한 것인지 청합니다."[112]

僧問講彌陀經座主。僧問講彌陀經座主。水鳥樹林皆悉念佛念法念僧作麼生講。座主曰。基法師道。眞友不待請如母赴嬰兒。僧曰。如何是眞友不待請(法眼代云。此是基法師語)。

---

112) 법안(法眼)이 대신 말하기를 "그것은 기 법사의 말씀이니라." 하였다. (원주)

 토끼뿔

때와 장소 가리잖는 참된 벗
새벽 세시 같이 기침 예불하고
산과 들서 갖은 일 함께 하네

왕연빈이 초경원에 들어가다

천주(泉州)의 왕연빈(王延彬)이 초경원(招慶院)에 들렸다가 방장(方丈)의 문이 잠긴 것을 보고 연(演) 시자에게 물었다.

"뉘라서 감히 대사께서 계신다고 말하겠는가?"

연 시자가 대답하였다.

"뉘라서 감히 대사께서 계시지 않는다고 말하겠는가?"[113]

王延彬入招慶院。泉州王延彬入招慶院。見方丈門閉問演侍者。有人敢道大師在否。演曰。有人敢道大師不在否(法眼別云。太傅識大師)。

---

113) 법안(法眼)이 따로 말하기를 "태부(太傅)는 대사를 안다." 하였다. (원주)

 토끼뿔

계신다 안 계신다 논치 마오
운문의 똥막대가 누설했고
동산의 마 서근이 이른 바네

망명이 손가락을 한 번 튕기다

어떤 승려가 들어 말하였다.

"부처님께서 설법을 하실 때 홀연히 한 여인이 와서 문안을 드리고 바로 부처님 앞에서 선정에 들었는데, 이때에 문수가 그의 앞으로 가까이 가서 손가락을 튕겨 그 여자를 선정에서 깨어나게 하려 했으나 깨우지 못했고, 다시 범천(梵天)에까지 메고 올라갔으나 역시 깨우지 못했다.

부처님께서 말씀하시기를 '설사 백천 문수라 할지라도 이 여자의 선정은 깨우지 못하리라. 아래쪽에 망명(網明)이라는 보살이 있는데 그라야 능히 이 선정을 깨우리라.'라고 하셨다.

網明彈指一聲。僧擧。佛說法有一女人忽來問訊。便於佛前入定。時文殊近前彈指。出此女人定不得。又托昇梵天亦出不得。佛曰。假使百千文殊亦出此女人定不得。下方有網明菩薩能出此定。

잠깐 뒤에 망명보살이 와서 부처님께 문안하고 여자의 앞으로 다가서서 손가락을 한 번 튕기니, 여자는 당장에 선정에서 깨어났다."114)

須臾網明便至問訊佛了。去女人前彈指一聲。女人便從定而起(五雲和尚云。
不唯文殊不能出此定。但恐如來也出此定不得。只如教意怎生體解)。

---

114) 오운(五雲) 화상이 말하기를 "문수만이 이 선정을 깨우지 못할 뿐 아니라 여래께서도 이 선정을 깨우지 못할까 걱정이다. 경전에 하신 말씀을 어떻게 깨달아 알아야 되겠는가?" 하였다. (원주)

🐰 토끼뿔

불이법문 설해 주길 문수 청을 받고서
묵연히 앉아 보인 유마의 경지라야
문수보살 깨우지 못한 까닭 알 걸세

날마다 향을 들어 불을 붙이다

지공(誌公)이 말하였다.
"날마다 향을 들어 불을 붙이지만 몸이 바로 도량임을 모른다."
이에 현사(玄沙)가 말하였다.
"날마다 향을 들어 불을 붙이는 것이 참 도량임을 모른다."[115]

每日拈香擇火。誌公云。每日拈香擇火不知身是道場。玄沙云。每日拈香擇火不知真箇道場(玄覺徵云。只如此二尊者語還有親疎也無)。

---

115) 현각(玄覺)이 밝혀 말하기를 "이 두 존숙의 말에 친하고 친하지 않음이 있다고 여기는가?" 하였다. (원주)

 토끼뿔

두 분 모두 옮기는 옳으나
지공 화상, 현사 선사 여보시오
구름 희고 화병의 꽃은 붉소

운암의 원주가 석실을 다녀오다

운암(雲巖)의 원주가 석실(石室)을 다녀오니, 운암이 물었다.
"그대는 석실에 갔다가 들어가서 보고 왔는가, 아니면 바로 돌아왔는가?"
원주가 대답이 없으니[116], 동산(洞山)이 대신 대답하였다.
"거기는 이미 어떤 이가 차지했습니다."
운암이 다시 물었다.
"그러면 그대는 무엇 하러 갔던가?"
동산이 대답하였다.
"인정을 단절할 것도 없습니다."

雲巖院主遊石室迴。雲巖院主遊石室迴。雲巖問。汝去入到石室裏許看為只恁麼便迴來(院主無對)。洞山代云。彼中已有人占了也。雲巖曰。汝更去作什麼。洞山曰。不可人情斷絕去也。

---

116) 원문에서 '院主無對'는 주로 표기해야 하나 문맥의 의미상 본문에 넣어 해석하였다.

 토끼뿔

들어가 보았는가, 이미 차지 했습니다
이 무슨 백주의 잠꼬대 말들일꼬
주전골 계곡물은 맑기가 거울일세

염관 회상에서 일 보는 승려

염관(鹽官)의 회상에서 일 보는 승려 하나가 죽을 때가 되니 저 승사자가 잡으러 왔다. 이에 그 승려가 말하였다.

"나는 대중의 일을 보다가 수행을 못했으니 7일만 여가를 주지 않겠는가?"

사자가 대답하였다.

"염라대왕께 여쭈어 보아서 허락하시면 7일 뒤에 오겠고, 그렇지 않으면 바로 오겠소."

그렇게 말하고 떠나서 7일 만에 다시 왔는데 그 승려를 찾을 수가 없었다.

나중에 어떤 사람이 한 승려에게 물었다.

"만일 만났다면 어떻게 대했겠소?"[117]

鹽官會下主事僧。鹽官會下有一主事僧。將死鬼使來取。僧告曰。某甲身爲主事未暇修行。乞容七日得否。使曰。待爲白王。若許即七日後來。不然須臾便至。言訖去。至七日後方來覓其僧不見。後有人擧問一僧。若來時如何抵擬他(洞山代云。被他覓得也)。

---

117) 동산(洞山)이 대신 말하기를 "벌써 그에게 들켰다." 하였다. (원주)

 토끼뿔

봄 맞아 새잎 돋은 산천경관
물감으로 단장을 한 것 같고

화창도 한 푸르른 하늘에는
한가한 흰구름 학이 떴네

따뜻한 작설차 마시는데
들리는 대금 한 곡 좋구나

노숙이 운암에 다녀오다

동산(洞山)의 회상에 있던 한 노숙이 운암(雲巖)에 다녀왔다. 이에 동산이 물었다.
"그대는 운암에 가서 무엇을 했소?"
노숙이 대답하였다.
"모릅니다."[118]

老宿去雲巖迴。洞山會下有老宿去雲巖迴。洞山問。汝去雲巖作什麼。答云。不會(洞山自代云。堆堆地)。

---

118) 동산(洞山)이 스스로 대신 말하기를 "꼼짝 않는 바탕이거늘…." 하였다. (원주)

토끼뿔

혹 내게 운암 가서 뭘 했소 묻는다면
지금 화상 묻듯이 하였을 뿐이오 해서
천하제일 동산도 입 못 열게 하였을 걸

임제가 불자를 들다

임제(臨濟)가 어떤 승려가 오는 것을 보자 불자를 들었다. 승려가 절을 하니, 임제가 때렸다.
다른 승려가 왔는데 또 불자를 들었다. 승려가 전혀 돌아보지도 않으니, 임제는 또 때렸다.
또 다른 승려가 와서 뵈니 임제는 또 불자를 들었다. 이에 승려가 말하였다.
"화상께서 가리켜 보여 주셔서 고맙습니다."
임제는 또 때렸다.[119]

臨濟擧起拂子。臨濟見僧來擧起拂子。僧禮拜。師便打。別僧來。師擧拂子。僧並不顧。師亦打。又一僧來參。師擧拂子。僧曰。謝和尙見示。師亦打(雲門代云。只疑老漢。大覺云。得卽得猶未見臨濟機在)。

---

119) 운문(雲門)이 대신 말하기를 "그 노장이 의심스럽다." 하였다.
  대각(大覺)이 말하기를 "얻기는 얻었으나 아직 임제의 기틀을 보지 못했다." 하였다. (원주)

 토끼뿔

보자마자 불자를 세울 때
장부로서 어찌 그리 소심하오
따뜻한 차 한 잔을 나누면서
봄노래가 금상첨화 아니겠소
모두들 이랬으면 임제라도
불자를 안 치우지 못하리라

임제의 세 번 때림이 같다 하겠는가? 다르다 하겠는가?
이를 가려볼 줄 알면 응병여약 아는 이라 하리라. 말해 봐라.

민왕이 현사 화상을 나루터까지 전송하다

민왕(閩王)이 현사(玄沙) 화상을 나루터까지 전송하니, 현사가 배에 올라 뱃전을 두드려 부르면서 말하였다.
"대왕이시여, 어찌하여야 여기서 벗어나겠습니까?"
왕이 말하였다.
"거기에 얼마나 계셨나요?"[120]

閩王送玄沙和尚上船。閩王送玄沙和尚上船。玄沙扣船召曰。大王。爭能出得這裏去。王曰。在裏許得多少時也(歸宗柔別云。不因和尚不得到這裏)。

---

120) 귀종 유(歸宗柔)가 따로 말하기를 "화상이 아니면 여기에 이르지 못했을 것입니다." 하였다. (원주)

 토끼뿔

"어찌하여야 여기서 벗어나겠습니까?" 했을 때

"벗어날 곳이라도 있으면 말하시오." 했더라면
천하에 현사라도 어쩔 건고?

어떤 것이 밀실의 사람입니까?

승려가 어떤 노숙에게 물었다.
"어떤 것이 밀실의 사람입니까?"
노숙이 대답하였다.
"객이 있으니 대답하지 못하겠다."[121]

如何是密室中人。僧問老宿。如何是密室中人。老宿曰。有客不答話(玄沙云。何曾密。歸宗柔別老宿云你因什麼得見)。

---

121) 현사(玄沙)가 말하기를 "언제 숨어 있었던 적이 있던가?" 하였다.
귀종 유가 노숙의 대답에 따라 말하기를 "그대는 무엇을 인해 볼 수 있었는가?" 하였다. (원주)

토끼뿔

어떤 것이 밀실의 사람인고 했을 때
단정히 앉은 채로 엄지 세워 보이며
삼일 전 광주 부산 잘 다녀왔다 하리

법안 화상이 『백법론』을 강의하는 승려에게 묻다

법안(法眼) 화상이 『백법론(百法論)』을 강의하는 승려에게 물었다.

"『백법론』은 체(體)와 용(用)을 함께 들고 훌륭한 집안에서는 능(能)과 소(所)를 겸하여 든다고 하는데, 좌주(座主)가 능이라면 법좌는 소일텐데 어떻게 해야 같이 들어 설하겠는가?[122]"

法眼和尙問講百法論僧。法眼和尙問講百法論僧。百法是體用雙陳。明門是能所兼擧。座主是能法座是所。作麼生說兼擧(有老宿代云。某甲喚作箇法座。歸宗柔別云。不勞和尙如此)。

---

122) 어떤 노숙이 대신 말하기를 "저는 법좌라 부릅니다." 하였다.
　　 귀종 유(歸宗柔)가 따로 말하기를 "화상께서는 그와 같은 수고를 하지 마십시오." 하였다. (원주)

토끼뿔

어떻게 하여야 능과 소를 같이 들꼬?
서산에 노을빛은 곱기가 비단 같고
동산의 솟은 달은 보름이 아니구나

문수가 부처님의 위신력으로 두 철위산으로 가게 되다

어떤 승려가 경전을 들어 말하였다.

"문수가 문득 부처니 법이니 하는 소견을 일으켰다가 부처님의 위신력으로 두 철위산으로 가게 되었다고 합니다."[123]

文殊被佛攝向二鐵圍山。僧擧敎云。文殊忽起佛見法見。被佛威神攝向二鐵圍山(五雲曰。什麼處是二鐵圍山。還會麼。如今若有人起佛法之見。吾與烹茶兩甌。且道賞伊罰伊。同敎意不同敎意)。

---

123) 오운(五雲)이 말하기를 "어디가 두 철위산인가? 알겠는가? 지금에라도 어떤 사람이 부처니 법이니 하는 소견을 일으키면 나는 그에게 차 두 병을 끓여 주리라. 말해 봐라. 상인가, 벌인가? 경전의 뜻과 같은가, 다른가?" 하였다. (원주)

토끼뿔

부처니 법이니 한 소견을 일으키면
그를 향해 두세 번 이름을 부를 걸세
어찌 한 까닭인지 말해 봐라, 말해 봐

태녕원에서 제2좌에게 개당하기를 청하다

홍주(洪州) 태녕원(太寧院)에서 상소를 올리어 제2좌(座)에게 개당(開堂)하기를 청했는데, 어떤 사람이 물었다.
"어째서 제1좌에게 청하지 않습니까?"[124]

太寧院請第二座開堂。洪州太[125]寧院上狀請第二座開堂。人問。何不請第一座(法眼代云。不勞如此)。

---

124) 법안(法眼)이 대신 말하기를 "그런 수고를 끼치지 않겠다." 하였다. (원주)
125) 太가 송. 원나라본에는 大로 되어 있다.

동산이 행각하다

동산(洞山)이 행각을 다니다가 어떤 관원을 만났는데, 그가 말하였다.
"제자가 3조의 『신심명(信心銘)』에다 주를 낼까 합니다."
동산이 말하였다.
"잠깐이라도 시비가 있으면 어지러워져서 본심을 잃는다 한 것은 어떻게 주를 내겠는가?"[126)]

洞山行脚。洞山行脚時會一官人曰。三祖信心銘弟子擬注。洞山曰。纔有是非紛然失心。作麼生注(法眼代云。恁麼即弟子不注也)。

---

126) 법안(法眼)이 대신 말하기를 "그러면 제자는 주를 내지 않겠습니다." 하였다.
(원주)

토끼뿔

동서가 십만리요 남북이 팔천리다
가없이 이러-해서 삼세도 쥐뿔인저!
이 무슨 백주대낮 잠꼬대 짓들인고…

법안 화상이 다리가 아프다

법안(法眼) 화상이 다리가 아픈데 어떤 승려가 와서 문안을 하니, 대사가 말하였다.

"사람이 오지 않을 때에는 능히 움직이지 않는다 하겠지만 사람이 와서도 움직이지 않았다 할 수 있겠는가? 불법 안에서 어떻게 말해야 되겠는가?"

승려가 말하였다.

"화상께서 다시 또 드러내시니 기쁩니다."

대사가 긍정하지 않았다.[127]

法眼和尙患脚病。法眼和尙因患脚。僧問訊次師曰。非人來時不能動。及至人來動不得。且道佛法中下得什麼語。僧曰。和尙且喜得較。師不肯(自別云。和尙今日似減)。

---

127) 스스로 따로 말하기를 "화상께서는 오늘 손해 보신 것과 같습니다." 하였다. (원주)

 토끼뿔

그런 도리 석등도 누설한 것이나
그리 말씀 하시니 대접해 말합니다
한라산 남에 있고 백두산 북에 있소

구봉 화상이 강서성에 들어가다

구봉(九峯) 화상이 강서성(江西城)에 들어갔는데, 어떤 사람이 물었다.
"저자에 들어가 교화할 때에는 무엇으로 안목을 삼습니까?"
구봉이 말하였다.
"해와 달은 일찍이 혼란한 적이 없다."[128]

九峯和尙入江西城。九峯和尙入江西城。人問入鄽敎化以何爲眼。九峯曰。日月不曾亂(法眼別云。待有眼)。

---

128) 법안(法眼)이 따로 말하기를 "눈이 있기를 바란다." 하였다. (원주)

 토끼뿔

무엇으로 안목을 삼느냐면
때로는 저자의 상품으로
때로는 주장자로 안목 삼네

어떤 승려가 용아에게 묻다

어떤 승려가 용아(龍牙)에게 물었다.
"종일 구구히 설치다가 어떻게 단박에 쉽니까?"
용아가 말하였다.
"마치 효자가 부모를 잃은 것과 같다."[129]

僧問龍牙。僧問龍牙。終日區區如何頓息。龍牙曰。如孝子喪却父母始得(東禪齊云。眾中道。如喪父母何有閑暇。恁麼會還息得人疑情麼。除此外且作麼生會龍牙意)。

---

129) 동선 제(東禪齊)가 말하기를 "대중이 부모의 초상을 만났는데 무슨 한가할 겨를이 있겠느냐 하니, 이렇게 알고서야 사람들의 의심을 쉬게 할 수 있겠는가? 이런 뜻을 제하고 어떻게 용아(龍牙)의 뜻을 알겠는가?" 하였다. (원주)

 토끼뿔

마조에게 수로가 밟히듯이 밟히고
대우에게 임제가 맞듯이 맞아야
단박에 쉬고 짓는 미소가 있을 걸세

하루 종일 어떻게 힘을 쓰리까?

어떤 승려가 용아(龍牙)에게 물었다.
"하루 종일 어떻게 힘을 쓰리까?"
용아가 말하였다.
"손 없는 사람이 주먹을 휘두르는 것과 같이 해야 된다."[130]

十二時中如何著力。僧問龍牙。十二時中如何著力。龍牙曰。如無手人欲行拳始得(東禪齊云。好言語且作麽生會。嘗問一僧。他道無手底人何更行得拳也。及問伊佛法。伊便休去將知路布說。得無用處不如子細體取古人意好)。

---

130) 동선 제(東禪齊)가 말하기를 "좋은 말이다만 어떻게 알아야 하겠는가? 일찍이 어떤 승려에게 물었더니 그가 대답하기를 '손 없는 사람이 어떻게 주먹을 쓰리오.' 하였다. 그에게 불법을 물었더니 그만두고 가버렸다. 그러니 길에 깔리게 말하더라도 아무 쓸모가 없으니 옛사람의 뜻을 자세히 체험해 아는 것만 못하다." 하였다. (원주)

토끼뿔

이러히 머문 바 없는 그 힘 쓸 것이며
이러히 응하여서 함없는 함으로 쓰라
하늘 스친 학 자췰들 견주거나 비교되랴

승려가 고산에게 묻다

고산(鼓山)이 말하였다
"이 일을 알고자 하는가? 마치 한 자루의 검과 같다."
어떤 승려가 물었다.
"학인은 시체인데 어떤 것이 검입니까?"
고산이 말하였다.
"저 송장을 끌어내라."
승려가 대답하고 방으로 돌아가서 짐을 묶어 가지고 떠났다. 고산이 저녁때에 그가 떠났다는 말을 듣고 말하였다.
"주장자로 때렸어야 했다."[131]

僧問鼓山。鼓山曰。欲知此事如一口劍。僧問。學人是死屍如何是劍。鼓山曰。拽出這死屍著。僧應諾便歸僧堂結束而去。鼓山晚間聞去乃曰。好與拄杖(東禪齊云。這僧若不肯鼓山有什麼過。若肯何得便發去。又鼓山拄杖賞伊罰伊。具眼底上座試商量看)。

---

[131] 동선 제(東禪齊)가 말하기를 "그 승려가 만일 긍정하지 않았다면 고산에게는 무슨 허물이 있었는가? 긍정했다면 왜 떠났는가? 또 고산의 주장자는 상인가, 벌인가? 안목을 갖춘 상좌는 헤아려 봐라." 하였다. (원주)

 토끼뿔

"학인은 시체인데 어떤 것이 검입니까?" 했을 때

대원은 "이때에 한 방망이 먹였어야 좋았네." 하리라.
"험"

암주가 화통을 들다

어떤 암주가 승려가 오는 것을 보고 화통(火筒)을 번쩍 들어 보이면서 말하였다.

"알겠는가?"

승려가 말하였다.

"모르겠습니다."

암주가 말하였다.

"30년을 써도 다함이 없다."

승려가 다시 물었다.

"30년 전에는 무엇을 썼습니까?"[132]

菴主竪火筒。有菴主見僧來竪火筒曰。會麽。曰不會。菴主曰。三十年用不盡底。僧却問。三十年前用箇什麽(歸宗柔代云。也要知)。

---

132) 귀종 유(歸宗柔)가 대신 말하기를 "또한 알기를 바란다." 하였다. (원주)

 토끼뿔

화통을 들이댈 때 꽉 붙잡고
기둥도 누설했던 찌꺼기니
새삼스런 일 접고 차나 들지요

초경 화상이 발우주머니를 들어 보이다

초경(招慶) 화상이 발우주머니를 들어 보이면서 어떤 승려에게 물었다.
"그대는 이것의 값이 얼마나 된다고 여기는가?"[133]

招慶和尚拈鉢囊。招慶和尚拈鉢囊問僧。你道直幾錢(歸宗柔代云。留與人增價)。

---

133) 귀종 유(歸宗柔)가 대신 말하기를 "후대들에게 남겨주면 가격이 올라갈 것이다." 하였다. (원주)

토끼뿔

"그대는 이것의 값이 얼마나 된다고 여기는가?" 했을 때

대원은 "그것 값은 그것만이 압니다." 하리라.

운문 화상이 나무사자의 입에다 손을 넣다

운문(雲門) 화상이 나무사자의 입에다 손을 넣고 외쳤다.
"이놈이 나를 문다. 살려 다오."[134]

雲門和尚以手入木獅子口。雲門和尚以手入木獅子口曰。咬殺我也相救(歸宗柔代雲。和尚出手太殺)。

---

134) 귀종 유(歸宗柔)가 대신 말하기를 "화상께서 너무 과분하게 손을 사용하였군요." 하였다. (원주)

 토끼뿔

"이놈이 나를 문다. 살려 다오." 했을 때

대원은 "무량수를 염하시오. 무량수를…." 하리라.

아미타불을 외우다

어떤 좌주가 아미타불을 외우는데, 소사(小師)가 불렀다.
"화상이시여."
좌주가 고개를 돌렸으나 소사는 대답이 없었다. 이렇게 몇 차례 거듭하니 화상이 꾸짖었다.
"세 번, 네 번 불렀는데 무슨 일이 있느냐?"
소사가 말하였다.
"화상은 몇 년이나 불러야 대답하시겠습니까? 제가 겨우 부르니 문득 업만 발동하시는군요."[135]

念彌陀名號。有座主念彌陀名號次。小師喚和尚。及迴顧小師不對。如是數四。和尚叱曰。三度四度喚有什麼事。小師曰。和尚幾年喚他即得。某甲纔喚便發業(法燈代云。咄叱)。

---

135) 법등(法燈)이 대신 말하기를 "에잇, 쯧쯧." 하였다. (원주)

토끼뿔

 소사가 말하기를 "화상은 몇 년이나 불러야 대답하시겠습니까? 제가 겨우 부르니 문득 업만 발동하시는군요" 했을 때

 좌주는 제자리에서 "네가 부르고 네가 감상하는데 무슨 상관하랴." 했어야 했다.
 "험."

새매가 참새를 쫓다

새매에 쫓긴 참새가 불전의 난간 위에서 벌벌 떨고 있으니, 어떤 이가 승려에게 물었다.

"일체 중생은 부처님의 그늘 안에서는 항상 편안한데 참새는 어찌하여 부처님을 뵈면서도 벌벌 떱니까?"[136]

鷂子趂鴿子。鷂子趂鴿子飛向佛殿欄干上顫。有人問僧。一切眾生在佛影中常安常樂。鴿子見佛為什麼顫(法燈代云怕佛)。

---

136) 법등(法燈)이 대신 말하기를 "부처님을 두려워해서이다." 하였다. (원주)

 토끼뿔

"일체 중생은 부처님의 그늘 안에서는 항상 편안한데 참새는 어찌하여 부처님을 뵈면서도 벌벌 떱니까?" 했을 때

대원은 "그런 신세 면하려면 보는 곳을 봐야 하오." 하리라.

오공 선사가 충 좌주에게 묻다

오공(悟空) 선사가 충(忠) 좌주에게 물었다.
"무슨 경을 강의하는가?"
"『법화경』을 강의합니다."
"『법화경』을 설법하는 곳에는 부처님께서 '내가 다보탑을 나타내어 증명한다.'라고 했는데, 대덕이 강의를 할 때에는 누가 증명하던가?"[137)]

悟空禪師問忠座主。悟空禪師問忠座主。講什麼經。曰法華經。悟空曰。若有說法華經處我現寶塔當爲證明。大德講什麼人證明(法燈代云。謝和尚證明)。

---

137) 법등(法燈)이 대신 말하기를 "화상께서 증명해 주셔서 고맙습니다." 하였다. (원주)

 토끼뿔

"『법화경』을 설법하는 곳에는 부처님께서 '내가 다보탑을 나타내어 증명한다.'라고 했는데, 대덕이 강의를 할 때에는 누가 증명하던가?" 했을 때

대원은 "어찌 보지 못했소?" 하리라.

승려가 어떤 노숙에게 묻다

승려가 어떤 노숙에게 물었다.
"혼(魂)이 오가면서 내 집 뜰의 오디를 먹는다 하니, 어떤 것이 집 뜰의 오디입니까?"[138]

僧問老宿。僧問老宿。魂兮歸去來食我家園葚。如何是家園葚(玄覺代云。是亦食不得。法燈別云。污却你口)。

---

138) 현각(玄覺)이 대신 말하기를 "먹지 못하는구나." 하였다.
   법등(法燈)이 따로 말하기를 "네 입을 더럽히는 것이다." 하였다. (원주)

 토끼뿔

"혼(魂)이 오가면서 내 집 뜰의 오디를 먹는다 하니, 어떤 것이 집 뜰의 오디입니까?" 했을 때

대원은 "먹어라." 하리라.

관리가 승려에게 묻다

어떤 관인이 승려에게 물었다.
"이름이 무엇입니까?"
승려가 말하였다.
"무간(無揀)[139]입니다."
관인이 말하였다.
"누군가가 갑자기 모래 한 그릇을 가지고 오면 스님은 어찌하시겠습니까?"
"관인(官人)께서 공양하시니 고맙습니다."[140]

官人問僧。官人問僧。名什麼。曰無揀。官人曰。忽然將一椀沙與上座又作麼生。曰謝官人供養(法眼別云。此猶是揀底)。

---

139) 무간(無揀) : 이것 저것을 가리지 않는다는 뜻.
140) 법안(法眼)이 따로 말하기를 "그것도 역시 간택하는 것이오." 하였다. (원주)

 토끼뿔

"이름이 무엇입니까?" 했을 때

대원은 "굴러가는 가랑잎이 나 먼저 일렀는데 들었습니까?" 하고

"누군가가 갑자기 모래 한 그릇을 가지고 오면 스님은 어찌하시겠습니까?" 했을 때

대원은 "좋은 공양이구나." 하리라.
"험."

왕이 사냥을 나오다

광남(廣南)에서 어떤 승려가 암자에 살고 있었는데 왕이 사냥을 나왔다. 이에 어떤 사람이 암주에게 와서 말하였다.
"대왕이 오십니다. 일어나십시오."
암주가 말하였다.
"대왕뿐이 아니라 부처님이 오셔도 일어날 수 없다."
이에 왕이 말하였다.
"부처님은 그대의 스승이 아닌가?"
"그렇습니다."
"스승을 보고서 어떻게 일어날 수 없다 하는가?"[141]

國主出獵。廣南有僧住菴。國主出獵。人報菴主大王來請起。日非但大王來佛來亦不起。王問。佛豈不是汝師。日是。王曰。見師爲什麼不起(法眼代云。未足酬恩)。

---

141) 법안(法眼)이 대신 말하기를 "아직도 은혜를 갚기에 부족합니다." 하였다. (원주)

 토끼뿔

"스승을 보고서 어떻게 일어날 수 없다 하는가?" 했을 때

대원은 이르노라.

산은 높고 물은 낮다
솔은 솟고 칡은 뻗는다
험.

승려가 조주 화상을 하직하다

어떤 승려가 조주(趙州) 화상을 하직하려 하자, 조주가 말하였다.
"부처가 있는 곳이라 해도 머물지 말고, 부처가 없는 곳이라 해도 급히 지나가라. 삼천 리 밖에서 사람을 만나더라도 말하지 마라."[142]

僧辭趙州和尙。僧辭趙州和尙。趙州謂曰。有佛處不得住無佛處急走過。三千里外逢人莫擧(法眼代云。恁麼即不去也)。

---

142) 법안(法眼)이 대신 말하기를 "이러한즉 갈 곳도 없다." 하였다. (원주)

토끼뿔

옳기는 옳으나 조주답지 않구나
백부는 원래부터 아버지의 형이다

사주의 탑 앞에서 한 승려가 절을 하다

사주(泗州)의 탑 앞에서 한 승려가 절을 하고 있으니, 어떤 사람이 물었다.

"스님께서는 날마다 예배를 하시는데 대성인(大聖人)을 보신 일이 있습니까?"[143]

泗州塔前一僧禮拜。泗州塔前一僧禮拜。有人問。上座日日禮拜還見大聖麼(法眼代云。汝道禮拜是什麼義)。

---

143) 법안(法眼)이 대신 말하기를 "그대는 무슨 뜻으로 예배한다고 여기는가?" 하였다. (원주)

 토끼뿔

"스님께서는 날마다 예배를 하시는데 대성인(大聖人)을 보신 일이 있습니까?" 했을 때

대원은 "내일이 가장 추운 대한이다." 하리라.

승려가 원통 화상에게 묻다

승려가 원통(圓通) 화상에게 물었다.
"한 티끌이 일어나자마자 대지마저도 모두 거두어들인다는데 도리어 선상(禪床)을 보셨습니까?"
원통이 말하였다.
"무엇을 티끌이라 하는가?"
또 물으니, 법등이 말하였다.
"무엇을 선상이라 하는가?"[144]

僧問圓通和尙。僧問圓通和尙。一塵纔起大地全收。還見禪床麽圓通曰。喚什麽作塵。又問法燈曰。喚什麽作禪床(東禪齊云。此二尊宿語明。伊問處。不明伊問處。若明伊問處還得盡善也未。試斷看。忽然向伊道。你指示我。更要答話。又作麽生會。莫道又答一轉子)。

---

144) 동선 제(東禪齊)가 말하기를 "이 두 존숙의 말이 그의 묻는 뜻을 밝혔는가, 밝히지 못했는가? 만일 그의 묻는 뜻을 밝혔다면 모두가 다 좋았는가 판단해 봐라." 하고, 홀연히 그에게 말하기를 "그대가 나에게 가리켜 보여 주고는 다시 대답을 요구하니, 어떻게 이해할 것인가? 또 한 번 대답하는 것이라고 하지도 말라." 하였다. (원주)

 토끼뿔

"한 티끌이 일어나자마자 대지마저도 모두 거두어들인다는데 도리어 선상(禪床)을 보셨습니까?" 했을 때

대원은 "말과 소는 기어가고 까막까치는 날아간다." 하리라.
"험."

현각 화상이 비둘기 우는 소리를 듣다

현각(玄覺) 화상이 비둘기 우는 소리를 듣고 승려에게 물었다.
"무슨 소리인가?"
"비둘기 소리입니다."
대사가 말하였다.
"무간지옥의 업을 짓지 않으려면 여래의 바른 법륜(法輪)을 비방하지 말라."[145]

玄覺和尙聞鳩子叫。玄覺和尙聞鳩子叫問增。什麽聲。僧曰。鳩子。師曰。欲得不招無間業。莫謗如來正法輪(東禪齊云。上座道是鳩子聲便成謗法。什麽處是謗處。若道不是還得麽。上座且道。玄覺意作麽生)。

---

145) 동선 제(東禪齊)가 말하기를 "상좌들이여, '비둘기 소리입니다.' 한 것이 법을 비방한 것이라 했는데, 어디가 비방한 곳인가? 만일 그렇게 하지 않았다면 도리어 깨달았다 하겠는가? 상좌들이여, 말해 봐라. 현각의 뜻이 무엇이겠는가?" 하였다. (원주)

 토끼뿔

현각(玄覺) 화상이 비둘기 우는 소리를 듣고 승려에게 묻기를 "무슨 소리인가?" 했을 때

대원은 "나 먼저 문풍지가 이르고 있군요." 하리라.

보복의 승려가 지장 화상에게 가다

보복(保福)의 승려가 지장(地藏) 화상에게 가니 지장이 물었다.
"그 지방의 불법이 어떠한가?"
승려가 대답하였다.
"보복 화상께서는 가끔 대중에게 보이시고 이르시기를 '너희들의 눈을 막아서 보되 봄이 없이 하고, 너희들의 귀를 막아서 듣되 들음이 없이 하고, 너희들의 뜻을 꿇어앉혀 분별하되 분별하지 못하게 한다.'라고 하십니다."
지장이 다시 물었다.
"내가 그대에게 묻노니 그대의 눈을 막지 않을 때 무엇이 보며, 귀를 막지 않았을 때 무엇이 들으며, 그대들의 뜻을 꿇어앉히지 않았을 때 무엇이 분별하는가?"[146]

保福僧到地藏。保福僧到地藏。地藏和尚問。彼中佛法如何。曰保福有時示眾道。塞却你眼教你覷不見。塞却你耳教你聽不聞。坐却你意教你分別不得。地藏曰。吾問你。不塞你眼見箇什麼。不塞你耳聞箇什麼。不坐你意作麼生分別(東禪齊云。那僧聞了忽然惺去。更不他遊。上座如今還得麼。若不會每日見箇什麼)。

---

[146] 동선 제(東禪齊)가 말하기를 "그 승려가 말을 듣고 홀연히 깨달음을 얻어 다른 곳에 가지 않았다. 상좌들이여, 지금 그러한가? 만일 알지 못했다면 매일 무엇이 보는가?" 하였다. (원주)

 토끼뿔

똥막대가 누설한지 오래고
삼서근이 설파한지 벌써인데
걸승이 단주 들고 오는구나

복주의 홍당교 위에 승려들이 늘어앉아 있다

복주(福州)의 홍당교(洪塘橋) 위에 승려들이 늘어앉아 있으니, 어떤 관인이 지나다가 물었다.
"여기에도 부처님이 계시는가?"[147]

福州洪塘橋上有僧列坐。福州洪塘橋上有僧列坐。官人問。此中還有佛麼(法眼代云。汝是什麼人)。

---

147) 법안(法眼)이 대신 말하기를 "그대는 무슨 사람인가?" 하였다. (원주)

 토끼뿔

"여기에도 부처님이 계시는가?" 했을 때

대원은 "관리여, 어디가 부처님 계시지 않는 곳이요, 일러 보시오." 하리라.

어떤 사람이 승려에게 묻다

어떤 사람이 승려에게 물었다.
"함이 없고, 일 없는 사람에게 어째서 금사슬〔金鎖〕의 환난이 있습니까?"[148]

人問僧。人問僧。無爲無事人爲什麼却有金鎖難(五雲代云。只爲無爲無事)。

---

148) 오운(五雲)이 대신 말하기를 "그저 함이 없고 일이 없다." 하였다. (원주)

 토끼뿔

"함이 없고, 일 없는 사람에게 어째서 금사슬〔金鎖〕의 환난이 있습니까?" 했을 때

대원은 "함 없고 일 없는 사람이라 했습니까?" 하리라.

어떤 노숙이 승려에게 묻다

어떤 노숙이 승려에게 물었다.
"어디서 오는가?"
"우두산(牛頭山)의 조사께 예배하고 옵니다."
노숙이 다시 물었다.
"조사를 보았는가?"[149]

老宿問僧。老宿問僧。什麼處來。日牛頭山禮拜祖師來。老宿日。還見祖師麼(歸宗柔代云。太似不相信)。

---

149) 귀종 유(歸宗柔)가 대신 말하기를 "크게 믿지 않으시는 것 같군요." 하였다. (원주)

 토끼뿔

"조사를 보았는가?" 했을 때

대원은 "실버들 가지가 담장을 쓰다듬는다." 하리라.

어떤 승려가 동자에게 경을 설하다

어떤 승려가 동자에게 경을 설하고 나서 "경을 갖다 함(函)에 넣어라."고 하니, 동자가 말하였다.
"제가 읽던 것은 이 속에 두었습니다."[150]

有僧與童子上經。有僧與童子上經了。令持經著函內。童子曰。某甲念底著向那裏(法燈代云。汝念什麼經)。

---

150) 법등(法燈)이 대신 말하기를 "너는 무슨 경을 읽었느냐?" 하였다. (원주)

 토끼뿔

"경을 갖다 함(函)에 넣어라." 했을 때

대원은 "옮길 곳이나 말해 보시오." 하리라.

어떤 승려가 『도덕경』을 주석하다

어떤 승려가 『도덕경(道德經)』을 주석했는데, 어떤 이가 물었다.
"일찍부터 듣기를 대덕께서 『도덕경』의 주석을 내셨다더군요."
승려가 말하였다.
"그렇다 하기에 외람스럽습니다."
"어떤 것이 밝은 황제입니까?"[151]

一僧注道德經。一僧注道德經。人問曰。久嚮大德注道德經。僧曰。不敢。曰何如明皇(法燈代云。是弟子)。

---

151) 법등(法燈)이 대신 말하기를 "이것이 제자입니다." 하였다. (원주)

 토끼뿔

"어떤 것이 밝은 황제입니까?" 했을 때

대원은 "동네 어귀 돌장군이오." 하리라.

운문 화상이 어떤 승려에게 묻다

운문(雲門) 화상이 어떤 승려에게 물었다.
"어디서 오는가?"
"강서(江西)에서 옵니다."
"강서의 한 무리 노숙들이 아직도 잠꼬대하고 있던가?"
승려가 대답을 하지 않았다.[152]
나중에 어떤 승려가 법안(法眼) 화상에게 물었다.
"운문의 뜻이 무엇이었습니까?"
법안이 말하였다.
"대단하시다는 운문이 그 승려에게 간파당했구나."[153]

雲門和尙問僧。雲門和尙問僧。什麼處來。曰江西來。雲門曰。江西一隊老宿寱語住也未。僧無對(五雲代云。興猶未已)。後有僧問法眼和尙。不知雲門意作麼生。法眼曰。大小雲門被這僧勘破(五雲曰。什麼處是勘破雲門處。要會麼。法眼亦被後僧勘破也)。

---

152) 오운(五雲)이 대신 말하기를 "흥이 아직 그치지 않았군요." 하였다. (원주)
153) 오운(五雲)이 말하기를 "어디가 운문이 간파당한 곳인가? 알고자 하는가? 법안도 나중에 선객들에게 간파당할 것이다." 하였다. (원주)

 토끼뿔

"강서의 한 무리 노숙들이 아직 잠꼬대들 하고 있던가?" 했을 때

대원은 "강서의 잠꼬대는 그만두시고 화상의 잠꼬대 심함은 어찌 시렵니까?" 하리라.

법안 화상이 어떤 승려에게 묻다.

우물을 파는데 모래가 샘 구멍을 막으니 법안(法眼)이 어떤 승려에게 물었다.
"샘구멍이 통하지 못하는 것은 모래가 막았기 때문인데, 도의 안목이 통하지 못하는 것은 무슨 물건이 장애한 것인가?"
승려가 대답이 없었다.[154]

法眼問僧。因開井被沙塞却泉眼。法眼問僧。泉眼不通被沙塞。道眼不通被什麽物礙。僧無對(師自代云。被眼礙)。

---

154) 법안(法眼)이 스스로 대신 말하기를 "눈[眼] 때문에 막혔소."하였다. (원주)

 토끼뿔

"샘구멍이 통하지 못하는 것은 모래가 막았기 때문인데, 도의 안목이 통하지 못하는 것은 무슨 물건이 장애한 것인가?" 했을 때

대원은 "바로 그것이오." 하리라.

색 인 표

ㄱ

가경(제9세)(24권)
가관 선사(19권)
가나제바(2권)
가문 선사(16권)
가비마라(1권)
가선 선사(26권)
가섭불(1권)
가야사다(2권)
가지 선사(10권)
가홍 선사(26권)
가훈 선사(26권)
가휴 선사(19권)
가휴(제2세)(24권)
간 선사(22권)
감지 행자(10권)
감흥 선사(15권)
강 선사(21권)
거방 선사(4권)
거회 선사(16권)
건봉 화상(17권)
계학산 화상(19권)
견숙 선사(8권)
겸 선사(20권)
경 선사(23권)
경산 감종(10권)
경산 홍인(11권)
경상(관음원)(26권)
경상(숭복원)(26권)
경소 선사(26권)
경여(제2세)(24권)
경잠 초현(10권)
경조 현자(17권)
경조미 화상(11권)
경준 선사(25권)
경진 선사(26권)
경탈 화상(22권)
경탈 화상(29권)

경통 선사(12권)
경현 선사(26권)
경혜 선사(15권)
경흔 선사(16권)
계눌 선사(21권)
계달 선사(24권)
계번 선사(19권)
계여 암주(21권)
계유 선사(23권)
계조 선사(25권)
계종 선사(24권)
계침 선사(21권)
계허 선사(10권)
고 선사(12권)
고사 화상(8권)
고정 화상(10권)
고정간선사(16권)
고제 화상(9권)
곡산 화상(23권)
곡산장 선사(16권)
곡은 화상(15권)
공기 화상(9권)
곽산 화상(11권)
관계 지한 선사(12권)
관남 장로(30권)
관음 화상(22권)
관주 나한(24권)
광 선사(14권)
광과 선사(23권)
광달 선사(25권)
광덕(제1세)(20권)
광목 선사(12권)
광법 행흠(24권)
광보 선사(13권)
광산 화상(23권)
광오 선사(22권)
광오(제4세)(17권)
광용 선사(12권)

광우 선사(24권)
광원 화상(26권)
광인 선사(15권)
광인 선사(17권)
광일 선사(20권)
광일 선사(25권)
광제 화상(20권)
광징 선사(8권)
광혜진 선사(13권)
광화 선사(20권)
괴성 선사(26권)
교 화상(12권)
교연 선사(18권)
구 화상(24권)
구나함모니불(1권)
구류손불(1권)
구마라다(2권)
구봉 도건(16권)
구봉 자혜(11권)
구산 정원(10권)
구산 화상(21권)
구종산 화상(15권)
구지 화상(11권)
굴다삼장(5권)
귀 선사(22권)
귀본 선사(19권)
귀신 선사(23권)
귀인 선사(20권)
귀정 선사(13권)
귀종 지상(7권)
규봉 종밀(13권)
근 선사(26권)
금륜 화상(22권)
금우 화상(8권)
기림 화상(10권)

ㄴ

나찬 화상(30권)

나한 화상(11권)
나한 화상(24권)
낙보 화상(30권)
남대 성(21권)
남대 화상(20권)
남악 남대(20권)
남악 회양(5권)
남원 화상(12권)
남원 화상(19권)
남전 보원(8권)
낭 선사(23권)
내 선사(22권)
녹 화상(21권)
녹수 화상(11권)
녹원 화상(13권)
녹원휘 선사(16권)
녹청 화상(15권)

ㄷ

다복 화상(11권)
단기 선사(23권)
단하 천연(14권)
달 화상(24권)
담공 화상(12권)
담권(제2세)(20권)
담명 화상(23권)
담장 선사(8권)
담조 선사(10권)
담취 선사(4권)
대각 선사(12권)
대각 화상(12권)
대동 선사(15권)
대랑 화상(23권)
대력 화상(24권)
대령 화상(17권)
대모 화상(10권)
대범 화상(20권)
대비 화상(12권)

색인표 289

색 인 표

대승산 화상(23권)
대안 선사(9권)
대양 화상(8권)
대육 선사(7권)
대의 선사(7권)
대전 화상(14권)
대주 혜해(6권)
대천 화상(14권)
덕겸 선사(23권)
덕부 스님(29권)
덕산 선감(15권)
덕산(제7세)(20권)
덕소 국사(25권)
덕해 선사(22권)
도 선사(21권)
도간(제2세)(20권)
도건 선사(23권)
도견 선사(26권)
도겸 선사(23권)
도광 선사(21권)
도단 선사(26권)
도림 선사(4권)
도명 선사(4권)
도명 선사(6권)
도부 선사(18권)
도부 대사(19권)
도상 선사(10권)
도상 선사(25권)
도수 선사(4권)
도신 대사(3권)
도연 선사(20권)
도오(관남)(11권)
도오(천황)(14권)
도원 선사(26권)
도유 선사(17권)
도은 선사(21권)
도은 선사(23권)
도응 선사(17권)

도자 선사(26권)
도잠 선사(25권)
도전 선사 (17권)
도전(제12세)(24권)
도제(제11세)(26권)
도통 선사(6권)
도한 선사(17권)
도한 선사(22권)
도행 선사(6권)
도헌 선사(12권)
도홈 선사 (25권)
도홈 선사(4권)
도홈(제2세)(24권)
도희 선사(21권)
도희 선사(22권)
동계 화상(20권)
동봉 암주(12권)
동산 양개(15권)
동산혜 화상(9권)
동선 화상(19권)
동안 화상(8권)
동안 화상(16권)
동정 화상(23권)
동천산 화상(20권)
동탑 화상(12권)
둔유 선사(17권)
득일 선사(21권)
등등 화상(30권)

ㄹ

라후라다(2권)

ㅁ

마나라(2권)
마명 대사(1권)
마조 도일(6권)
마하가섭(1권)
만 선사(22권)

만세 화상(9권)
만세 화상(12권)
명 선사(17권)
명 선사(22권)
명 선사(23권)
명교 선사(22권)
명달소안(제4세)(26)권
명법 대사(21권)
명변 대사(22권)
명식 대사(22권)
명오 대사(22권)
명원 선사(21권)
명진 대사(19권)
명진 선사(21권)
명철 선사(7권)
명철 선사(14권)
명혜 대사(24권)
명혜 선사(22권)
모 화상(17권)
자사진조(12권)
몽계 화상(8권)
몽필 화상(19권)
묘공 대사(21권)
묘과 대사(21권)
무등 선사(7권)
무료 선사(8권)
무업 선사(8권)
무염 대사(12권)
무원 화상(15권)
무은 선사(17권)
무일 선사(24권)
무주 선사(4권)
무휴 선사(20권)
문 화상(22권)
문수 선사(17권)
문수 선사(25권)
문수 화상(16권)
문수 화상(20권)

문습 선사(24권)
문언 선사(19권)
문의 선사(21권)
문익 선사(24권)
문흠 선사(22권)
문희 선사(12권)
미령 화상(12권)
미령 화상(8권)
미선사(제2세)(23권)
미차가(1권)
미창 화상(12권)
미창 화상(14권)
민덕 화상(12권)

ㅂ

바사사다(2권)
바수밀(1권)
바수반두(2권)
박암 화상(17권)
반산 화상(15권)
반야다라(2권)
방온 거사(8권)
배도 선사(30권)
배휴(12권)
백거이(10권)
백곡 화상(23권)
백령 화상(8권)
백수사화상(16권)
백운 화상(24권)
백운약 선사(15권)
범 선사(20권)
범 선사(23권)
법건 선사(26권)
법괴 선사(26권)
법단 대사(11권)
법달 선사(5권)
법등 태흠(30권)
법만 선사(13권)

색 인 표

법보 선사(22권)
법상 선사(7권)
법운 대사(22권)
법운공(27권)
법응 선사(4권)
법의 선사(20권)
법제 선사(23권)
법제(제2세)(26권)
법지 선사(4권)
법진 선사(11권)
법해 선사(5권)
법현 선사(24권)
법회 선사(6권)
변륭 선사(26권)
변실(제2세)(26권)
보 선사(22권)
보개산 화상(17권)
보개약 선사(16권)
보광 혜심(24권)
보광 화상(14권)
보리달마(3권)
보만 대사(17권)
보명 대사(19권)
보문 대사(19권)
보봉 신당(17권)
보봉 화상(15권)
보수 화상 (12권)
보수소 화상(12권)
보승 선사(24권)
보안 선사(9권)
보운 선사(7권)
보응 화상(12권)
보적 선사(7권)
보지 선사(27권)
보철 선사(7권)
보초 선사(24권)
보화 화상(10권)
보화 화상(24권)

복계 화상(8권)
복룡산(제1세)(17권)
복룡산(제2세)(17권)
복룡산(제3세)(17권)
복림 선사(13권)
복분 암주(12권)
복선 화상(26권)
복수 화상(13권)
복타밀다(1권)
본계 화상(8권)
본동 화상(14권)
본선 선사(26권)
본인 선사(17권)
본정 선사(5권)
봉 선사(11권)
봉 화상(23권)
봉린 선사(20권)
부강 화상(11권)
부나야사(1권)
부배 화상(8권)
부석 화상(11권)
불암휘 선사(12권)
불여밀다(2권)
불오 화상(8권)
불일 화상(20권)
불타 화상(14권)
불타난제(1권)
붕언 대사(26권)
비 선사(20권)
비구니 요연(11권)
비마암 화상(10권)
비바시불(1권)
비사부불(1권)
비수 화상(8권)
비전복 화상(16권)

ㅅ

사 선사(23권)

사건 선사(17권)
사구 선사(26권)
사귀 선사(22권)
사내 선사(19권)
사눌 선사(21권)
사명 선사(12권)
사명 화상((15권)
사밀 선사(23권)
사보 선사(23권)
사선 화상(16권)
사야다(2권)
사언 선사(17권)
사욱 선사(18권)
사위 선사(20권)
사자 존자(2권)
사정 상좌(21권)
사조 선사(10권)
사지 선사(26권)
사진 선사(22권)
사해 선사(11권)
사호 선사(26권)
삼상 화상(20권)
삼성 혜연(12권)
삼양 암주(12권)
상 선사(22권)
상 화상(22권)
상각 선사(24권)
상관 선사(9권)
상나화수(1권)
상전 화상(26권)
상진 선사(23권)
상찰 선사(17권)
상통 선사(11권)
상혜 선사(21권)
상홍 선사(7권)
서 선사(19권)
서륜 선사(25권)
서목 화상(11권)

서선 화상(10권)
서선 화상(20권)
서암 화상(17권)
석가모니불(1권)
석경 화상(23권)
석구 화상(8권)
석두 희천(14권)
석루 화상(14권)
석림 화상(8권)
석상 경제(15권)
석상 대선 (8권)
석상 성공(9권)
석상휘 선사(16권)
석제 화상(11권)
석주 화상(16권)
선각 선사(8권)
선도 선사(20권)
선도 화상(14권)
선미(제3세)(26권)
선본 선사(17권)
선상 대사(22권)
선소 선사(13권)
선소 선사(24권)
선자 덕성(14권)
선장 선사(17권)
선정 선사(20권)
선천 화상(14권)
선최 선사 (12권)
선혜 대사(27권)
설봉 의존(16권)
성공 선사(14권)
성선사(제3세)(20권)
성수엄 선사(17권)
소 화상(22권)
소계 화상(30권)
소명 선사(26권)
소산 화상(30권)
소수 선사(24권)

색 인 표

소암 선사(25권)	승둔 선사(26권)	여눌 선사(15권)	영초 선사(16권)
소요 화상(8권)	승밀 선사(15권)	여만 선사(6권)	영태 화상(19권)
소원(제4세)(24권)	승일 선사(16권)	여민 선사(11권)	영평 선사(23권)
소자 선사(23권)	승찬 대사(3권)	여보 선사(12권)	영함 선사(21권)
소종 선사(12권)	시기불(1권)	여신 선사(22권)	영훈 선사(10권)
소진 대사 (12권)	시리 선사(14권)	여체 선사(19권)	오공 대사(23권)
소현 선사(25권)	신건 선사(11권)	여회 선사(7권)	오공 선사(24권)
송산 화상(8권)	신당 선사(17권)	역촌 화상(12권)	오구 화상(8권)
수 선사(24권)	신라 청원(17권)	연 선사(21권)	오운 화상(30권)
수계 화상(8권)	신록 선사(23권)	연관 선사(24권)	오통 대사(23권)
수공 화상(14권)	신수 선사(4권)	연교 대사(12권)	온선사(제1세)(20권)
수눌 선사(19권)	신안 국사(18권)	연규 선사(25권)	와관 화상(16권)
수눌 선사(26권)	신장 선사(8권)	연덕 선사(26권)	와룡 화상(17권)
수당 화상(8권)	신찬 선사(9권)	연무 선사(17권)	와룡 화상(20권)
수로 화상(8권)	실성 대사(22권)	연수 선사(26권)	왕경초상시(11권)
수룡산 화상(21권)	심 선사(23권)	연수 화상(23권)	요 화상(23권)
수륙 화상(12권)	심철 선사(20권)	연승 선사(26권)	요각(제2세)(21권)
수빈 선사(21권)	쌍계전도자(12권)	연종 선사(19권)	요공 대사(21권)
수산 성념(13권)		연화(제2세)(23권)	요산 화상(11권)
수안 선사(24권)	ㅇ	연화상(제2세)(23권)	요종 대사(21권)
수월 대사(21권)	아난 존자(1권)	영 선사(19권)	용 선사(20권)
수유산 화상(10권)	악록산 화상(22권)	영가 현각(5권)	용수 존자(1권)
수인 선사(25권)	안선사(제1세)(20권)	영각 화상(20권)	용계 화상(20권)
수진 선사(24권)	암 화상(20권)	영감 선사(26권)	용광 화상(20권)
수청 선사(22권)	암두 전활(16권)	영감 화상(23권)	용담 숭신(14권)
순지 대사(12권)	암준 선사(15권)	영관사(12권)	용산 화상(8권)
숭 선사(22권)	앙산 혜적(11권)	영광 선사(24권)	용아 거둔(17권)
숭교 대사(23권)	애 선사(23권)	영규 선사(15권)	용운대 선사(9권)
숭산 화상(10권)	약산 유엄(14권)	영도 선사(5권)	용준산 화상(17권)
숭은 화상(16권)	약산(제7세)(23권)	영명 대사(18권)	용천 화상(23권)
숭진 화상(23권)	약산고 사미(14권)	영묵 선사(7권)	용청 선사(26권)
숭혜 선사(4권)	양 선사(6권)	영서 화상(13권)	용혈산 화상(23권)
습득(27권)	양 좌주(8권)	영숭(제1세)(23권)	용회 도심(30권)
승 화상(23권)	양광 선사(25권)	영안(제5세)(26권)	용흥 화상(17권)
승가 화상(27권)	양수 선사(9권)	영암 화상(23권)	우녕 선사(26권)
승가난제(2권)	언단 선사(22권)	영엄 선사(23권)	우두미 선사(15권)
승광 화상(11권)	언빈 선사(20권)	영운 지근(11권)	우바국다(1권)
승나 선사(3권)	엄양 존자(11권)	영준 선사(15권)	우섬 선사(26권)

색 인 표

우안 선사(26권)
우연 선사(21권)
우연 선사(22권)
우진 선사(26권)
운개 지한(17권)
운개경 화상(17권)
운산 화상(12권)
운암 담성(14권)
운주 화상(20권)
운진 선사(23권)
원 선사(22권)
원 화상(23권)
원광 선사(23권)
원규 선사(4권)
원명 선사(11권)
원명(제3세)(23권)
원명(제9세)(22권)
원소 선사(26권)
원안 선사(16권)
원엄 선사(19권)
원제 선사(26권)
원조 대사(23권)
원지 선사(14권)
원지 선사(21권)
월륜 선사(16권)
월화 화상(24권)
위 선사(20권)
위국도 선사(9권)
위부 화엄(30권)
위산 영우(9권)
유 선사(24권)
유 화상(24권)
유건 선사(6권)
유경 선사(29권)
유계 화상(15권)
유관 선사(7권)
유연 선사(17권)
유원 화상(8권)

유장 선사(20권)
유정 선사(4권)
유정 선사(6권)
유정 선사(9권)
유칙 선사(4권)
육긍 대부(10권)
육통원소선사(17권)
윤 선사(22권)
윤 스님(29권)
은미 선사(23권)
은봉 선사(8권)
응천 화상(11권)
의능(제9세)(26권)
의름 선사(26권)
의소 화상(23권)
의안 선사(14권)
의원 선사(26권)
의유(제13세)(26권)
의인 선사(23권)
의전 선사(26권)
의초 선사(12권)
의충 선사(22권)
의충 선사(14권)
이산 화상(8권)
이종 선사(10권)
인 선사(19권)
인 선사(22권)
인 화상(23권)
인검 선사(4권)
인종 화상(5권)
인혜 대사(18권)
일용 화상(11권)
일자 화상(10권)
임전 화상(19권)
임제 의현(12권)
임천 화상(22권)

ㅈ

자광 화상(23권)
자국 화상(16권)
자동 화상(11권)
자만 선사(6권)
자복 화상(22권)
자재 선사(7권)
자화 선사(22권)
장 선사(20권)
장 선사(23권)
장경 혜릉(18권)
장용 선사(22권)
장이 선사(10권)
장평산 화상(12권)
적조 선사(21권)
전긍 선사(26권)
전법 화상(23권)
전부 선사(12권)
전식 선사(4권)
전심 대사(21권)
전은 선사(24권)
전초 선사(20권)
정 선사(21권)
정과 선사(20권)
정수 대사(22권)
정수 선사(13권)
정오 대사(21권)
정오 선사(20권)
정원 화상(23권)
정조 혜동(26권)
정혜 선사(24권)
정혜 화상(21권)
제 선사(25권)
제다가(1권)
제봉 화상(8권)
제안 선사(7권)
제안 화상(10권)
조 선사(9권)
조 선사(22권)

조산 본적(17권)
조수(제2세)(24권)
조주 종심(10권)
존수 선사(16권)
종괴 선사(21권)
종귀 선사(22권)
종랑 선사(11권)
종범 선사(17권)
종선 선사(24권)
종성 선사(23권)
종습 선사(19권)
종실 선사(23권)
종의 선사(26권)
종일 선사(21권)
종일 선사(26권)
종전 선사(19권)
종정 선사(19권)
종지 선사(20권)
종철 선사(12권)
종현 선사(25권)
종혜 대사(23권)
종효 선사(21권)
종혼 선사(21권)
주 선사(24권)
주지 선사(21권)
준 선사(24권)
준고 선사(15권)
중도 화상(20권)
중만 선사(23권)
중운개 화상(16권)
중흥 선사(15권)
증각 선사(23권)
증선사(제2세)(20권)
지 선사(4권)
지견 선사(6권)
지관 화상(12권)
지구 선사(22권)
지균 선사(25권)

색 인 표

지근 선사(26권)
지단 선사(22권)
지덕 대사(21권)
지도 선사(5권)
지륜 선사(24권)
지묵(제2세)(22권)
지봉 대사(26권)
지봉 선사(4권)
지부 선사(18권)
지상 선사(5권)
지성 선사(5권)
지암 선사(4권)
지엄 선사(24권)
지옹(제3세)(24권)
지원 선사(16권)
지원 선사(17권)
지원 선사(21권)
지위 선사(4권)
지은 선사(24권)
지의 대사(25권)
지의 선사(27권)
지의 화상(12권)
지장 선사(7권)
지장 화상(24권)
지적 선사(22권)
지조(제3세)(23권)
지진 선사(9권)
지징 대사(26권)
지철 선사(5권)
지통 선사(10권)
지통 선사(5권)
지행(제2세)(23권)
지황 선사(5권)
지휘 선사(20권)
진 선사(20권)
진 선사(23권)
진 존숙(12권)
진각 대사(18권)

진각 대사(24권)
진감(제4세)(23권)
진랑 선사(14권)
진웅 선사(13권)
진적 선사(21권)
진적 선사(23권)
진화상(제3세)(23권)
징 선사(22권)
징 화상(24권)
징개 선사(24권)
징원 선사(22권)
징정 선사(21권)
징조 대사(15권)

ㅊ

찰 선사(29권)
창선사(제3세)(20권)
책진 선사(25권)
처미 선사(9권)
처진 선사(20권)
천개유 선사(16권)
천룡 화상(10권)
천복 화상(15권)
천왕원 화상(20권)
천태 화상(17권)
청간 선사(12권)
청교 선사(23권)
청면(제2세)(23권)
청모 선사(24권)
청법 선사(21권)
청석 선사(25권)
청양 선사(13권)
청요 선사(23권)
청용 선사(25권)
청욱 선사(26권)
청원 화상(17권)
청원 행사(5권)

청좌산 화상(20권)
청진 선사(23권)
청품(제8세)(23권)
청해 선사(23권)
청해 선사(24권)
청호 선사(21권)
청환 선사(21권)
청활 선사(22권)
초 선사(20권)
초남 선사(12권)
초당 화상(8권)
초복 화상(15권)
초오 선사(19권)
초증 대사(18권)
초훈(제4세)(24권)
총인 선사(7권)
추산 화상(17권)
충언(제8세)(23권)
취미 무학(14권)
칙천 화상(8권)
침 선사(22권)

ㅌ

타지 화상(8권)
태원부 상좌(19권)
태흠 선사(25권)
통 선사(17권)
통 선사(19권)
통법 도성(26권)
통변 도홍(26권)
통화상(제2세)(24권)
투자 감온(15권)

ㅍ

파조타 화상(4권)
파초 화상(16권)
파초 화상(20권)

포대 화상(27권)
풍 선사(23권)
풍간 선사(27권)
풍덕사 화상(12권)
풍혈 연소(13권)
풍화 화상(20권)

ㅎ

하택 신회(5권)
학륵나(2권)
학림 선사(4권)
한 선사(10권)
한산자(27권)
함계 선사(17권)
함광 선사(24권)
함택 선사(21권)
항마장 선사(4권)
해안 선사(16권)
해호 화상(16권)
행랑 선사(23권)
행명 대사(26권)
행수 선사(17권)
행숭 선사(22권)
행애 선사(23권)
행언 도사(25권)
행인 선사(23권)
행전 선사(20권)
행주 선사(19권)
행충(제1세)(23권)
향 거사(3권)
향성 화상(20권)
향엄 지한(11권)
향엄의단선사(10권)
헌 선사(20권)
현눌 선사(19권)
현량 선사(24권)
현밀 선사(23권)
현사 사비(18권)

색 인 표

현소 선사(4권)
현오 선사(20권)
현정 대사(4권)
현지 선사(24권)
현진 선사(10권)
현책 선사(5권)
현천언 선사(17권)
현천(제2세)(23권)
현칙 선사(25권)
현태 상좌(16권)
현통 선사(18권)
협 존자(1권)
협산 선회(15권)
혜 선사(20권)
혜 선사(22권)
혜 선사(23권)
혜가 대사(3권)
혜각 대사(21권)
혜각 선사(11권)
혜거 국사(25권)
혜거 선사(20권)
혜거 선사(26권)
혜공 선사(16권)
혜광 대사(23권)
혜능 대사(5권)
혜달 선사(26권)
혜랑 선사(14권)
혜랑 선사(21권)
혜랑 선사(26권)
혜렴 선사(22권)
혜류 대사(22권)
혜만 선사(3권)
혜명 선사(25권)
혜방 선사(4권)
혜사 선사(27권)
혜성 선사(14권)
혜성(제14세)(26권)
혜안 국사(4권)

혜오 선사(21권)
혜원 선사(25권)
혜월법단(제3세)(26권)
혜일 대사(11권)
혜장 선사(6권)
혜제 선사(25권)
혜종 선사(17권)
혜철(제2세)(23권)
혜청 선사(12권)
혜초 선사(9권)
혜충 국사(5권)
혜충 선사(4권)
혜충 선사(23권)
혜하 대사(20권)
혜해 선사(20권)
호감 대사(22권)
호계 암주(12권)
홍구 선사(12권)
홍나 화상(8권)
홍변 선사(9권)
홍엄 선사(21권)
홍은 선사(6권)
홍인 대사(3권)
홍인 선사(22권)
홍장(제4세)(23권)
홍제 선사(23권)
홍진 선사(24권)
홍천 선사(16권)
홍통 선사(20권)
화룡 화상(23권)
화림 화상(14권)
화산 화상(17권)
화엄 화상(20권)
환보 선사(16권)
환중 선사(9권)
황룡(제2세)(26권)
황벽 희운(9권)
회기 대사(23권)

회악 선사(18권)
회악(제4세)(20권)
회우 선사(16권)
회운 선사(7권)
회운 선사(20권)
회정 선사(9권)
회주 선사(23권)
회초(제2세)(23권)
회충 선사(16권)
회통 선사(4권)
회해 선사(6권)
횡룡 화상(23권)
효료 선사(5권)
효영(제5세)(26권)
효오 대사(21권)
후 화상(22권)
후동산 화상(20권)
후초경 화상(22권)
휴정 선사(17권)
흑간 화상(8권)
흑수 화상(24권)
흑안 화상(8권)
흥고 선사(23권)
흥법 대사(18권)
흥평 화상(8권)
흥화 존장(12권)
희변 선사(26권)
희봉 선사(25권)
희원 선사(26권)

부록은 농선 대원 선사님의 인가 내력과 법어 그리고 대원 선사님께서 직접 작사하신 노래 가사를 실었다. 특히 요즘 선지식 없이 공부하는 이들을 위하여 수행의 길로부터 불보살님의 누림까지 닦아 증득할 수 있도록 '부록4'에 '가슴으로 부르는 불심의 노래' 가사를 담았으니 끝까지 정독하여 수행의 요긴한 지침이 되기를 바란다.

부　록

부록1 농선 대원 선사님 인가 내력 299

부록2 농선 대원 선사님 법어 307

부록3 21세기에 인류가 해야 할 일 323

부록4 가슴으로 부르는 불심의 노래 327

농선 대원 선사님 인가 내력

제 1 오도송

이 몸을 끄는 놈이 무슨 물건인가?
골똘히 생각한 지 서너 해 되던 때에
쉬이하고 불어온 솔바람 한 소리에
홀연히 대장부의 큰 일을 마치었네

무엇이 하늘이고 무엇이 땅이런가
이 몸이 청정하여 이러-히 가없어라
안팎 중간 없는 데서 이러-히 응하니
취하고 버림이란 애당초 없다네

하루 온종일 시간이 다하도록
헤아리고 분별한 그 모든 생각들이
옛 부처 나기 전의 오묘한 소식임을
듣고서 의심 않고 믿을 이 누구인가!

此身運轉是何物
疑端汨沒三夏來
松頭吹風其一聲
忽然大事一時了

何謂靑天何謂地
當體淸淨無邊外
無內外中應如是
小分取捨全然無

一日於十有二時
悉皆思量之分別
古佛未生前消息
聞者卽信不疑誰

  대원 선사님의 스승이신 불조정맥 제77조 조계종(曹溪宗) 전강(田岡) 대선사님께서 1962년 대구 동화사의 조실로 계실 당시 대원 선사님께서도 동화사에 함께 머무르고 계셨다.
  하루는 전강 대선사님께서 대원 선사님의 3연으로 되어 있는 제1오도송을 들어 깨달은 바는 분명하나 대개 오도송은 짧게 짓는다고 말씀하셨다. 이에 대원 선사님께서는 제1오도송을 읊은 뒤, 도솔암을 떠나 김제들을 지나다가 석양의 해와 달을 보고 문득 읊었던 제2오도송을 일러드렸다.

　　제 2 오도송

　해는 서산 달은 동산 덩실하게 얹혀 있고
　김제의 평야에는 가을빛이 가득하네
　대천이란 이름자도 서지를 못하는데
　석양의 마을길엔 사람들 오고 가네

　日月兩嶺載同模
　金提平野滿秋色
　不立大千之名字
　夕陽道路人去來

제2오도송을 들으신 전강 대선사님께서는 이에 그치지 않고 그와 같은 경지를 담은 게송을 이 자리에서 즉시 한 수 지어볼 수 있겠냐고 하셨다. 대원 선사님께서는 곧바로 다음과 같이 읊으셨다.

　바위 위에는 솔바람이 있고
　산 아래에는 황조가 날도다

대천도 흔적조차 없는데
달밤에 원숭이가 어지러이 우는구나

岩上在松風
山下飛黃鳥
大千無痕迹
月夜亂猿啼

　전강 대선사님께서는 위 송의 앞의 두 구를 들으실 때만 해도 지그시 눈을 감고 계시다가 뒤의 두 구를 마저 채우자 문득 눈을 뜨고 기뻐하는 빛이 역력하셨다.
　그러나 전강 대선사님께서는 여기에서도 그치지 않고 다시 한 번 물으셨다.
　"대중들이 자네를 산으로 불러내어 그 중에 법성(향곡 스님 법제자인 진제 스님. 동화사 선방에 있을 당시에 '법성'이라 불렸고, 나중에 '법원'으로 개명하였다.)이 달마불식(達磨不識) 도리를 일러보라 했을 때 '드러났다'라고 답했다는데, 만약에 자네가 당시의 양무제였다면 '모르오'라고 이르고 있는 달마 대사에게 어떻게 했겠는가?"
　대원 선사님께서 답하셨다.
　"제가 양무제였다면 '성인이라 함도 서지 못하나 이러-히 짐의 덕화와 함께 어우러짐이 더욱 좋지 않겠습니까?' 하며 달마 대사의 손을 잡아 일으켰을 것입니다."
　전강 대선사님께서 탄복하며 말씀하셨다.
　"어느새 그 경지에 이르렀는가?"

"이르렀다곤들 어찌하며, 갖추었다곤들 어찌하며, 본래라곤들 어찌하리까? 오직 이러-할 뿐인데 말입니다."

대원 선사님께서 연이어 말씀하시자 전강 대선사님께서 이에 환희하시니 두 분이 어우러진 자리가 백아가 종자기를 만난 듯, 고수명창 어울리듯 화기애애하셨다.

달마불식 공안에 대한 위의 문답은 내력이 있는 것이다. 전강 대선사님께서 대원선사님을 부르시기 며칠 전에, 저녁 입선 시간 중에 노장님 몇 분만이 자리에 앉아있을 뿐 자리가 텅텅 비어 있었다고 한다.

대원 선사님께서 이상히 여기고 있던 중, 밖에서 한 젊은 수좌가 대원선사님을 불렀다. 그 수좌의 말이 스님들이 모두 윗산에 모여 기다리고 있으니 가자고 하기에 무슨 일인가 하고 따라가셨다.

그러자 그 자리에 있던 법성 스님이 보자마자 달마불식 법문을 들고 이르라고 하기에 지체없이 답하셨다.

"드러났다."

곁에 계시던 송암 스님께서 또 안수정등 법문을 들고 물으셨다.

"여기서 어떻게 살아나겠소?"

대뜸 큰소리로 이르셨다.

"안·수·정·등."

이에 좌우에 모인 스님들이 함구무언(緘口無言)인지라 대원 선사님께서는 먼저 그 자리를 떠나 내려와 버리셨다.

그 다음날 입승인 명허 스님께서 아침 공양이 끝난 자리에서 지난 밤 입선시간 중에 무단으로 자리를 비운 까닭을 묻는 대중 공사를 붙여산 중에서 있었던 일들이 낱낱이 드러나고 말았다. 그리하여 입선시간 중에 자리를 비운 스님들은 가사 장삼을 수하고 조실인 전강 대선사님께 참회의 절을 했던 일이 있었다.

전강 대선사님께서는 이때에 대원 선사님께서 달마불식 도리에 대해 일렀던 경지를 점검하셨던 것이다.

이런 철저한 검증의 자리가 있었던 다음 날, 전강 대선사님께서 부르시기에 대원 선사님께서 가보니 모든 것이 약조된 데에서 주지인 월산(月山) 스님께서 입회해 계셨으며 전강 대선사님께서는 곧바로 다음과 같이 전법게(傳法偈)를 전해주셨다.

  전 법 게

부처와 조사도 일찍이 전한 것이 아니거늘
나 또한 어찌 받았다 하며 준다 할 것인가
이 법이 2천년대에 이르러서
널리 천하 사람을 제도하리라

佛祖未曾傳
我亦何受授
此法二千年
廣度天下人

덧붙여 이 일은 월산 스님이 증인이며 2000년까지 세 사람 모두 절대 다른 사람이 알게 하거나 눈에 띄게 하지 않아야 한다고 당부하셨다.

  만약 그러지 않을 시에는 대원 선사님께서 법을 펴 나가는데 장애가 있을 것이라고 예언하셨다. 또한 각별히 신변을 조심하라 하시고 월산 스님에게 명령해 대원선사님을 동화사의 포교당인 보현사에 내려가 교화에 힘쓰게 하셨다.

  대원 선사님께서 보현사로 떠나는 날, 전강 대선사님께서는 미리 적어두셨던 부송(付頌)을 주셨으니 다음과 같다.

     부 송

어상을 내리지 않고 이러-히 대한다 함이여
뒷날 돌아이가 구멍 없는 피리를 불리니
이로부터 불법이 천하에 가득하리라

不下御床對如是
後日石兒吹無孔
自此佛法滿天下

  위의 게송에서 '어상을 내리지 않고 이러-히 대한다 함이여'라는 첫째 줄 역시 내력이 있는 구절이다.

  전에 대원 선사님께서 전강 대선사님을 군산 은적사에서 모시고 계실 당시 마당에서 홀연히 마주쳤을 때 다음과 같은 문답이 있었다.

  전강 대선사님께서 물으셨다.

  "공적(空寂)의 영지(靈知)를 이르게."

대원 선사님께서 대답하셨다.
"이러-히 스님과 대담(對談)합니다."
"영지의 공적을 이르게."
"스님과의 대담에 이러-합니다."
"어떤 것이 이러-히 대담하는 경지인가?"
"명왕(明王)은 어상(御床)을 내리지 않고 천하 일에 밝습니다."
위와 같은 문답 중에 대원 선사님께서 답하신 경지를 부송의 첫째 줄에 담으신 것이다.

전강 대선사님께서 대원선사님을 인가(印可)하신 과정을 볼 때 한 번, 두 번, 세 번을 확인하여 철저히 점검하신 명안종사의 안목에 탄복하지 않을 수 없으며 이에 끝까지 1초의 머뭇거림도 없이 명철하셨던 대원선사님께 찬탄하지 않을 수 없다.
그리하여 법열로 어우러진 두 분의 자리가 재현된 듯 함께 환희용약하지 않을 수 없다.

이제 전강 대선사님과 약속한 2천년대를 맞이하였으므로 여기에 전법게를 밝힌다.
이로써 경허, 만공, 전강 대선사님으로 내려온 근대 대선지식의 정법의 횃불이 이 시대에 이어져 전강 대선사님의 예언대로 불법이 천하에 가득할 것이다.

농선 대원 선사님 법어

　깨달음은 실증실수다. 그러나 지금의 불교가 잘못된 견해와 지식으로 불조의 가르침을 왜곡하고 견성성불 하고자 애쓰는 수행인들을 오히려 길을 잃고 헤매게 하고 있다.

　그래서 이 장에서는 대원 선사님의 혜안으로 제방에서 논의되는 불교의 핵심적인 대목을 밝혀, 불조의 근본 종지를 드러내고 불교가 나아가야 할 바를 보였다.

　깨달음의 정수를 담은 12게송은 실제 깨닫지 못하고 말로만 깨달음을 말하거나 혹은 깨달았다 해도 보림이 미진한 이들을 경계하게 하며 실증의 바탕에서 닦아 증득할 수 있도록 하였으니, 생사를 결단하고 본연한 참나를 회복하려는 이들에게 칠흑 같은 밤길에 등불과 같은 길잡이가 될 것이다.

화두실참

　제방의 선방 상황을 보면 목적지에 이르는 길을 몰라 노정길을 묻고 있는 격이다. 무자와 이뭐꼬 화두가 최고라 하면서도 실제 실참을 하지 못하고 있기 때문이다. '이 무엇인고?' 하면서 이 눈으로 보려 한다면 경계 위에서 찾는 것이어서 억만 겁을 두고 찾아도 찾을 수 없다. 그러므로 깨달아 일체종지를 이룬 스승의 분명한 안목의 지도가 없다면 화두를 들든, 관법을 행하든, 염불을 하든 깨달음을 기약한다는 것이 정말 어렵다 할 것이다.

개유불성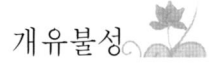

  부처님께서 분명히 준동함령 개유불성(蠢動含靈 皆有佛性)이라고 하셨다. 이것은 모든 만물이 다 부처가 될 성품을 갖고 있다는 뜻이다. 불성이 하나라고 주장하는 목소리가 불교계에 드높으나 이것은 개유불성 즉, 낱낱이 제 불성은 제가 지니고 있다는 부처님의 말씀을 정면으로 어기는 말이다.

  옛 선사님 말씀에 '천지(天地)가 여아동근(與我同根)이고 만물(万物)이 여아일체(與我一切)'라고 했다. '천지가 여아동근이다'라는 것은 하늘 땅이 나와 더불어 같은 뿌리라는 말이다.
  '나와 더불어'라고 했고 또한 한 뿌리가 아니라 같은 뿌리라고 했다. '더불 여(與)'자와 '같을 동(同)'자가 이미 하나라 할 수 없다는 것을 말해주고 있다. 즉 이 말은 하나와도 같다, 한결같이 똑같다는 말이다. 하나라면 '같을 동'자 뿐만 아니라 일이란 글자도 설 수 없다. 일은 이가 있을 때에야 비로소 설 수 있는 것이다.
  그러므로 '천지가 여아동근이다' 즉 하늘과 땅이 나와 더불어 같은 뿌리라는 것은 모든 것이 한결같이 가없는 성품 자체에서 비롯되었다는 말이다.
  또한 '만물이 여아일체이다' 즉 만물이 나와 더불어 한 몸이라는 말에서 일체란 하나의 몸을 말하는 것이 아니라 모든 불성이 가없는 성품 자체로 서로 상즉한 온통인 몸을 말하는 것이어서 만물이 나와 더불어 상즉한 자체를 말한 것이다.

공부를 많이 한 사람이 외도에 깊이 떨어지는 경우가 있다. 인가를 받지 못한 선지식들이 모두 체성을 보지 못한 이는 아니다. 가없는 성품 자체에 사무치고 보니 도저히 둘일 수가 없으므로 불성이 하나라고 한 것이다. 그러나 불성이 하나라고 하는 것은 바른 깨달음이 아니다. 그래서 인가를 받지 않으면 외도라 하는 것이다. 체성에 사무쳤다 해도 스승의 지도를 받아 일체종지를 이루지 못하면 이런 큰 허물을 짓는 것이다.

만약 불성이 하나라고 하는 이가 있으면 "아픈 것을 느끼는 것이 몸뚱이냐, 자성이냐?"라고 물어야 한다. 그러면 당연히 누구나 자성이라고 답할 것이다. 만약 몸뚱이가 아픔을 느끼는 것이라면 시체도 아픔을 느껴야 하기 때문이다. 이렇게 볼 때에 자성이 하나라면 누군가 아플 때 동시에 모두 아픔을 느껴야 할 것이다. 또한 한 사람이 생각을 일으킬 때 이를 모두 알아야 한다. 불성이 하나라면 마음도 하나여서 다른 마음이 있을 수 없기 때문이다.

희비송(喜悲頌)

이름도 없고 상도 없는 일 없는 사람이
태평의 노래를 흥에 취해 불렀더니
때도 없고 끝도 없는 구제의 일이
대천세계에 충만히 펼쳐졌네

無名無相無事人
太平之歌唱興醉
無時無端救濟事
大千世界布充滿

정신송(正信頌)

이름도 없고 상도 없는 이 바탕인 몸이여
이 바탕을 깨달은 믿음이라야 이 바른 믿음이라
이와 같은 믿음이 없이는 마음이 나라 말라
눈 광명이 땅에 떨어질 때 한이 만단이나 되리라

無名無相是地體
悟地之信是正信
若無是信莫心我
眼光落地恨萬端

진심송(眞心頌)

이름도 없고 상도 없는 이 진공이여
공이라는 공은 공이라 함마저도 없는 이 참 바탕이라
이와 같은 바탕이라야 이 공인 몸이니
이와 같은 몸이 아니면 참다운 마음이 아니니라

無名無相是眞空
空空無空是眞地
如是之地是空體
如是非體非眞心

업신송(業身頌)

업의 몸이란 것은 고통의 근본이요
업의 마음이란 것은 환란의 근본이니라
업의 행이란 것은 다툼의 근본이요
업의 일이란 것은 허망의 근본이니라

業身乃苦痛之本
業心乃患亂之本
業行乃鬪爭之本
業事乃虛妄之本

보림송(保任頌) 1

업의 몸을 다스리는 데는 계행이 최상이요
업의 마음을 다스리는 데는 인내가 최상이니라
계행과 인내로 잘 다스리면 보림이 순조롭고
보림이 잘 이루어지면 구경에 이르느니라

治業身之戒最上
治業心之忍最上
善治戒忍順保任
善成保任至究竟

보림송(保任頌) 2

육신의 욕망은 하나까지라도 모두 버려야 하고
육신을 향한 생각은 남음이 없이 버려야 하느니라
이와 같이 보림하면 업이 중한 사람일지라도
당생에 반드시 구경지를 성취하리라

肉身欲望捨都一
肉身向思捨無餘
如是保任重業人
當生必成究竟地

공성본질송(空性本質頌) 1

무극인 빈 성품의 본래 몸은
언어나 마음과 행위로 표현 못 하나
모든 부처님과 만물이 이로 좇아 생겼으며
궁극에 일체가 돌아가 의지할 곳이니라

無極空性之本體
言語道斷滅心行
諸佛萬物從此生
窮極一切歸依處

공성본질송(空性本質頌) 2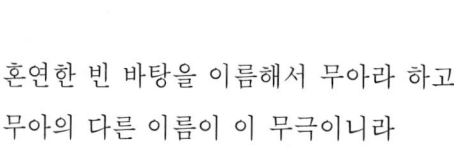

혼연한 빈 바탕을 이름해서 무아라 하고
무아의 다른 이름이 이 무극이니라
유정 무정이 이로 좇아 생겼으며
궁극에 일체가 돌아가 의지할 곳이니라

渾然空地名無我
無我異名是無極
有情無情從此生
窮極一切歸依處

공성본질송(空性本質頌) 3

이러-히 밝게 사무친 것을 이름해서 견성이라 하고
이 바탕에 밝게 사무쳐야 바르게 깨달은 사람이니
도를 닦는 사람은 반드시 명심해서
각자 관조하여 그릇 깨달음이 없어야 하느니라

如是明徹名見性
是地明徹正悟人
修道之人必銘心
各者觀照無非悟

명정오송(明正悟頌)

밝지도 어둡지도 않은 곳을 향해서
그윽한 본래의 바탕에 합하여야
이것을 진실한 깨달음이라 하는 것이니
그렇지 않다면 바른 깨달음이 아니니라

向不明暗處
冥合本來地
此是眞實悟
不然非正悟

무아송(無我頌)

중생들이 말하는 무아라는 것은
변하고 달라지는 나를 말하는 것이요
깨달은 사람의 무아는
변하지 않는 나를 말하는 것이다

衆生之無我
變異之言我
悟人之無我
不變之言我

태시송(太始頌)

탐착한 묘한 광명에 합한 것이 상을 이루었고
상에 집착하여 사는데서 익힌 것이 모든 업을 이루었다
업을 인해서 만반상이 생겨 나왔으며
만상으로 해서 만반법이 생겨 나왔다

貪着妙光合成相
執相生習成諸業
因業生出萬般象
萬象生出萬般法

21세기에 인류가 해야 할 일

　이 사람은 1962년 26세 때부터 21세기에 인류에게 닥칠 공해문제, 에너지문제를 예견하고 대체에너지(무한원동기, 태양력, 파력, 풍력 등) 개발과 '울 안의 농법'을 연구하고 그 필요성을 많은 이들에게 이야기해 왔습니다.

　당시에는 너무 시대를 앞서가는 이야기여서인지 일반인들이 수용하지 못하고 오히려 불신의 눈으로 바라보며 이 사람의 법마저 의심하였습니다. 하지만 현대에 있어서는 이것이 인류가 해결해야 할 가장 절박한 사안이 되어 있습니다.

　'사막화방지 국제연대'를 설립한 것도 현재 인류가 해결해야 할 가장 절박한 지구환경문제를 이슈화시키고 그 해결책을 제시하여 재앙에 직면한 지구촌을 살리기 위해서입니다.

　'사막화방지 국제연대'에서 추진하고 있는 사막화 방지, 지구 초원

화, 대체에너지 개발은 온 인류가 발 벗고 나서서 해야 할 일입니다.

첫 번째 사막화 방지에 있어서 기존에 해왔던 '나무심기 사업'은 천문학적인 예산과 많은 인력을 동원하고도 극도로 황폐한 사막화된 환경을 되살리는 데 실패하였습니다.

그래서 이 사람은 사막화 방지에 있어서는 '사막 해수로 사업'을 새로운 방안으로 제시하였습니다.

사막 해수로 사업은 사막화된 지역에 수도관을 매설하여 바닷물을 끌어들여서 염분에 강한 식물을 중심으로 자연생태계를 복원하는 사업입니다.

이것은 나무심기 사업으로 심은 나무들이 절대적으로 물이 부족하여 생존할 수 없었던 문제를 해결할 수 있는, 현재로서는 유일한 해결책입니다.

그러나 '사막화방지 국제연대'의 목적은 사막이 확장되는 것을 방지하자는 것이지 사막 전체를 완전히 없애자는 것은 아닙니다. 인체에서 심장이 모든 피를 전신의 구석구석까지 골고루 보내어 살아서 활동하게 하듯이 사막은 오히려 지구의 심장 역할을 하는 중요한 곳이기 때문입니다.

그래서 21세기에 있어서는 다만 사막의 확장을 방지할 뿐 아니라 사막을 어떻게 운용하느냐를 연구해야 합니다.

사막에 바둑판처럼 사방이 막힌 플륨관 수로를 설치하여 동, 서, 남, 북 어느 방향의 수로를 얼마만큼 채우느냐 비우느냐에 따라, 사막으로부터 사방 어느 방향으로든 거리까지 조절하여, 원하는 지역에 비를 내리게 하고 그치게 할 수 있습니다. 철저히 과학적인 데이터에 의해 이렇게 사막을 운용함으로써 21세기의 지구를 풍요로운 낙원시대로 만들어가야 합니다.

  두 번째로 지구를 초원화할 수 있는 방안으로 3년간의 실험을 통해, 광활한 황무지 지역을 큰 비용을 들이거나 많은 인력을 동원하지 않고도 짧은 시간 내에 초지로 바꿀 수 있는 식물을 찾아냈습니다.

  그것은 바로 '돌나물'입니다. 돌나물은 따로 종자를 심을 필요가 없이 헬리콥터나 비행기로 살포해도 생존, 번식할 수 있으며, 추위와 더위, 황폐한 땅에서도 살아남을 수 있는 생명력과 번식력이 강한 식물입니다.

  지구환경을 되살리는 초지조성 사업에 있어서 이것이 큰 도움이 되리라 생각합니다.

  세 번째의 대체에너지 개발에 있어서는 태양력, 파력, 풍력 등 1962년도부터 이 사람이 연구하고 얘기해왔던 방법들이 이미 많이 개발되어 실용화한 단계에 있습니다.

  이 세 가지 일은 한 개인이나 한 국가가 할 수 있는 일이 아닙니다. 모든 국가가 앞장서서 전세계적인 사업으로 이루어져야 합니다. 모든 국가가 함께 하는 기금조성이 이루어져야 하고 기금조성에 참여한 국가는 이 시스템에 의한 전면적인 혜택을 입을 수 있도록 해야 합니다.

  인류 모두가 지혜를 모아 이 일에 전력을 다한다면 인류는 유사 이래 가장 좋은 시절을 맞이하게 될 것이며, 만약 이 일을 남의 일인 양 외면한다면 극한의 재앙을 면할 수 없을 것입니다.

  이 사람이 오래 전부터 얘기해왔던 '울 안의 농법'은 이미 미국 라스베이거스(Las Vegas)에서 30층짜리 '고층 빌딩 농장'으로 구현되었습니다. 그렇게 크게도 운영될 수 있지만 각자 자신의 집에서 이루어지는 '울 안의 농법'도 필요합니다.

21세기에 있어서 또 하나 인류가 만일의 사태를 대비해서 연구, 추진해야 될 일이 있다면 바닷속에서의 수중생활, 수중경작입니다.
　지구 온난화가 심화될 경우, 공기가 너무 많이 오염될 경우, 바닷물이 높아져 살 땅이 좁아질 경우 등에 대비할 때, 인류는 우주에서의 삶보다는 바닷속에서의 삶을 준비해야 합니다. 왜냐하면 그것이 훨씬 수월하고 비용도 절감할 수 있기 때문입니다.
　이렇게 깨달은 이는 이변적으로는 깨달음을 얻게 하여 영생불멸의 삶을 영위할 수 있도록 만인을 이끌어야 하며 사변적으로는 일반인이 예측할 수 없는 백 년, 천 년 앞을 내다보아 이를 미리 앞서 대비하도록 만인의 삶을 이끌어줘야 한다고 생각합니다.
　불법의 뜻은 다만 진리 전수에만 있는 것이 아니니, 만인이 서로 함께 영원한 극락을 누릴 때까지 물심양면으로, 이사일여로 베풀어 교화해야 하기 때문입니다.

가슴으로 부르는 불심의 노래

여기에 실린 가사는 모두 농선 대원 선사님께서 직접 작사하신 것이다. 수행의 길로 들어서게끔 신심, 발심을 북돋아주는 가사로부터 수행의 길로 접어든 이의 구도의 몸부림이 담겨있는 가사, 대승의 원력을 발해서 교화하는 보살의 자비심과 함께 낙원세계를 누리는 풍류를 그려놓은 가사까지 한마디, 한마디가 생생하여 그 뜻이 뼛속 깊이 새겨지고 그 멋에 흠뻑 취하게 된다. 농선 대원 선사님께서는 거칠고 말초적인 요즘의 노래를 듣고 이러한 정서를 순화시키고자, 또한 수행의 마음을 진작시키고자 하는 뜻에서 이 가사들을 쓰셨다.

그래야지

1.
마음으로 물질로써
갖가지로 베푸는 것
생활화한 국민되어
이뤄내는 국가되세
그래야지 그래야지
얼씨구나 좀 더 좋다

그런 이웃 그런 나라
이뤄내서 사노라면
모든 나라 따르리니
그리되면 지상낙원
그래야지 그래야지
얼씨구나 좀 더 좋다

별중의 별 될 것이니
선조의 뜻 이룸이라
후손으로 할 일 해낸
자부심이 치솟누나
그래야지 그래야지
얼씨구나 좀 더 좋다

얼씨구야 절씨구야
좀 더 좋고 좀 더 좋다
얼씨구야 절씨구야
좀 더 좋고 좀 더 좋다

아리랑 아리랑 아라리요
아리랑 고개를 넘어간다

2.
그래야지 그래야지
혼자 삶이 아닌 세상
웬만하면 넘어가는
아량으로 살아가세
그래야지 그래야지
얼씨구나 좀 더 좋다

부딪히면 틀어져서
소통의 길 막히나니
그러므로 눈 감아줘
참는 것이 상책일세
그래야지 그래야지
얼씨구나 좀 더 좋다

걸린 생각 비워내서
한결같이 사노라면
복이되어 돌아옴을
실감할 날 있을 걸세
그래야지 그래야지
좀 더 좋고 좀 더 좋다

얼씨구야 절씨구야
좀 더 좋고 좀 더 좋다
얼씨구야 절씨구야
좀 더 좋고 좀 더 좋다

아리랑 아리랑 아라리요
아리랑 고개를 넘어간다

 마음

1.
시작도 없는 마음
끝남도 없는 마음

온통으로 드러나
언제나 같이 있어

어떤 것도 가릴 수
전혀 없는 그 마음

고고하고 당당한
영원한 마음일세

아리랑 아리랑 아라리요
아리랑 고개를 넘어간다
청천 하늘에 잔별도 많고
요내 가슴에는 희망도 많다

2.
모두를 마음으로
시도를 뭐든 해봐

안되는 일 없어서
사는 데 불편없고

하고프면 하면 돼
뜻 펼치는 삶이니

즐겁고도 즐거운
누리는 삶이로세

아리랑 아리랑 아라리요
아리랑 고개를 넘어간다
청천 하늘에 잔별도 많고
요내 가슴에는 희망도 많다

사는게 아리랑 고개

1.
이 마음이 내가 되니
나고 죽음 본래 없고
이리 보고 저리 봐도
허공까지 내 몸일세
신기하고 신기하다
신기하고 신기해

이 마음이 내가 되니
안 되는 일 전혀 없어
잡된 생각 사라지고
두려움도 없어졌네
신기하고 신기하다
신기하고 신기해

이 마음이 내가 되니
끝이 없이 자유롭고
잠 못 이룬 괴로움과
공황장애 흔적 없네
신기하고 신기하다
신기하고 신기해

아리랑 아리랑
아라리요
아리랑 고개를 넘어왔다

2.
이 마음이 내가 되니
맘 먹은 일 순조롭고
살아가는 나날들이
마음광명 누림일세
신기하고 신기하다
신기하고 신기해

이 마음이 내가 되니
마음광명 누림이라
나날들이 평화롭고
자신감이 넘쳐나네
신기하고 신기하다
신기하고 신기해

이 마음이 내가 되니
대인관계 순조로와
일일마다 즐거웁고
웃음꽃이 피어나네
신기하고 신기하다
신기하고 신기해

아리랑 아리랑
아라리요
아리랑 고개를 넘어왔다

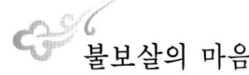
불보살의 마음

1.
자비, 그 자비는 눈물이었네
불나방이 불을 쫓듯 가는 이
그래도 못 잊어서 버리지 못해
저리는 저리는 가슴, 그 가슴 안고서
눈물, 피눈물로 저리 부르네

2.
자비, 그 자비는 눈물이었네
제 살 길을 저버리는 이들을
그래도 못 잊어서 버리지 못해
저리는 저리는 가슴, 그 가슴 안고서
눈물, 피눈물로 저리 부르네

나의 노래

1.
노세 노세 봄놀이하세
대천세계 이 봄 경치
한산 습득 친구 삼아
호연지기 즐겨볼까
얼씨구나 절씨구
아니나 즐기고 무엇하리

2.
노세 노세 봄놀이하세
걸음 쫓아 이른 곳곳
문수 보현 벗을 삼아
화엄광장 춤춰볼까
얼씨구나 절씨구
아니나 즐기고 무엇하리

평화로운 삶

1.
이 몸을 나로 아는
하나의 실수로서
우주가 생긴 이래

얼마나 많은 고통
겪어들 왔었던가
치떨린 일이로세

뭘 해야 그 반복을
금생에 끊어버려
그 고통 벗어날까

생각코 생각하니
그 해결 내게 있네
마음이 나 된걸세

아리랑 아리랑 아라리요
아리랑 고개를 넘어간다
청천 하늘엔 잔별도 많고
이내 가슴엔 희망도 많다

2.
마음이 내가 되면
그 어떤 것이라도
더 이상 필요찮고

마음이 내가 되면
미묘한 갖은 공덕
스스로 갖춰 있고

마음이 내가 되면
그 모든 근심 걱정
씻은 듯 사라지고

마음이 내가 되면
이 생과 저 세상이
당초에 없는 걸세

아리랑 아리랑 아라리요
아리랑 고개를 넘어간다
청천 하늘엔 잔별도 많고
이내 가슴엔 희망도 많다

3.
마음이 내가 되면
어제와 내일 일을
눈 앞 일 알 듯하고

마음이 내가 되면
신분이 관계 없이
서로가 평등하며

마음이 내가 되면
모든 일 뜻을 따라
원만히 이뤄지고

마음이 내가 되면
걸림이 없는 그 삶
저절로 이뤄지네

아리랑 아리랑 아라리요
아리랑 고개를 넘어간다
청천 하늘엔 잔별도 많고
이내 가슴엔 희망도 많다

잘 사는 게 불법일세

1.
잘 사는 게 불법일세
우리 모두 관음보살 지장보살 생활 속에 모시면서
마음 비운 나날들로 바른 삶을 하노라면
불보살님 가피 속에 뜻 이뤄서 꽃을 피운
그런 날이 있을 걸세

2.
잘 사는 게 불법일세
우리 모두 관음보살 지장보살 생활 속에 모시면서
마음 비워 살아가며 시시때때 잊지 않고
참나 찾아 참구하는 그 정성도 함께하면
좋은 소식 있을 걸세

3.
잘 사는 게 불법일세
우리 모두 관음보살 지장보살 생활 속에 모시면서
틈틈으로 회광반조 사색으로 참나 깨쳐
화장세계 장엄하고 얼쉬얼쉬 어울리며
영원토록 웃고 사세

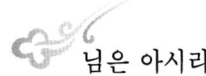 님은 아시리

1부

1.
사계절의 풍광인들 위로되겠니
서사시의 음률인들 쉬어지겠니
뜻과 같이 되지 않아 기도에 젖은
이 마음 님은 아시리
한 세상 열정 쏟아 닦는 수행길
불보살님 출현하셔 베푼 자비에
모든 망상 모든 번뇌 없었으면 좋으련만
마음대로 안 되는 게 수행이더라, 수행이더라

2.
사계절의 풍광인들 위로되겠니
서사시의 음률인들 쉬어지겠니
뜻과 같이 되지 않아 기도에 젖은
이 마음 님은 아시리
청춘의 모든 욕망 사뤄버리고
회광반조 촌각 아낀 열정 쏟아서
이룬 선정 그 효력이 있었으면 좋으련만
마음대로 안 되는 게 보림이더라, 보림이더라

3.
사계절의 풍광인들 위로되겠니
서사시의 음률인들 쉬어지겠니
뜻과 같이 되지 않아 기도에 젖은
이 마음 님은 아시리
억겁의 모든 습성 꺾어보려고
갖은 노력 갖은 인내 온통 쏟아서
세월 잊은 보림 성취 있었으면 좋으련만
마음대로 안 되는 게 성불이더라, 성불이더라

2 부

1.
사계절의 풍광인들 비유되겠니
가릉빈가 음률인들 비교되겠니
뜻과 같이 자유자재 베풀어놓고
한없이 즐기시련만
그러한 대자유의 삶을 접고서
중생들을 구제하려 삼도에 출현
갖은 역경 어려움을 감내하는 자비로써
깨워주는 그 진리에 눈을 뜨거라, 눈을 뜨거라

2.
사계절의 풍광인들 비유되겠니
가릉빈가 음률인들 비교되겠니
뜻과 같이 자유자재 베풀어놓고
한없이 즐기시련만
억겁을 다하여도 끝이 없을 걸
알면서도 해내겠다 나선 님의 길
가시밭길 험난해도 일관하신 그 자비에
구류중생 깨달아서 정토 이루리, 정토 이루리

3.
사계절의 풍광인들 비유되겠니
가릉빈가 음률인들 비교되겠니
뜻과 같이 자유자재 베풀어놓고
한없이 즐기시련만
낙원의 모든 즐김 떨쳐버리고
삼악도를 낙원으로 이뤄놓겠다
촌각 아낀 그 열정에 모두 모두 감화되어
이 땅 위에 님의 소원 이뤄지리라, 이뤄지리라

도서출판 문젠(Moonzen Press)의 책들

출간 도서

바로보인 전등록 전 5권
바로보인 무문관
바로보인 벽암록
바로보인 천부경·교화경·치화경
바로보인 금강경
세월을 북채로 세상을 북삼아
영원한 현실
바로보인 신심명
바로보인 환단고기 전 5권
바로보인 선문염송 전 30권
앞뜰에 국화꽃 곱고 북산에 첫눈 희다
바로보인 증도가
바로보인 반야심경
선을 묻는 그대에게 1·2
바로보인 선가귀감
바로보인 법융선사 심명
주머니 속의 심경
바로보인 법성게
달다 -전강 대선사 법어집
기우목동가
초발심자경문
방거사어록
실증설

하택신회대사 현종기
불조정맥 - 한·영·중 3개국어판
바른 불자가 됩시다
누구나 궁금한 33가지
108진참회문 - 한·영·중 3개국어판
달마의 일할도 허락지 않는다
마음대로 앉아 죽고 서서 죽고
화두 3개국어판 - 한·영·중
바로보인 간당론
완전한 우리말 불공예식법
바로보인 유마경
실증설 5개국어판 - 한·영·불·서·중
누구나 궁금한 33가지 3개국어판
 - 한·영·중
달마의 일할도 허락지 않는다
3개국어판 - 한·영·중
법성게 3개국어판 - 한·영·중
정법의 원류
바로보인 도가귀감
바로보인 유가귀감
화엄경 81권
바로보인 전등록 전 30권

출간예정 도서

바로보인 능엄경 제6권
바로보인 원각경
바로보인 육조단경
바로보인 대전화상주 심경
바로보인 위앙록
해동전등록 전 10권
말 밖의 말
언어의 향기
농선 대원 선사 선송집

진리와 과학의 만남
바로보인 5대 종교
금강경 야부송과 대원선사 토끼뿔
선재동자 참알 오십삼선지식
경봉선사 혜암선사 법을 들어 설하다
십현담 주해
불교대전
태고보우선사 어록

1. 바로보인 전등록 (전30권을 5권으로)

7불과 역대 조사의 말씀이 1,700공안으로 집대성되어 있는 선종 최고의 고전으로, 깨달음의 정수가 살아 숨쉬도록 새롭게 번역되었다.
464, 464, 472, 448, 432쪽.
각권 18,000원

2. 바로보인 무문관

황룡 무문 혜개 선사가 저술한 공안집으로 전등록, 선문염송, 벽암록 등과 함께 손꼽히는 선문의 명저이다. 본칙 48개와 무문 선사의 평창과 송, 여기에 역저자인 대원선사의 도움말과 시송으로 생명과 같은 선문의 진수를 맛보여 주고 있다.
272쪽. 12,000원

3. 바로보인 벽암록

설두 선사의 설두송고를 원오 극근 선사가 수행자에게 제창한 것이 벽암록이다.
이 책은 본칙과 설두 선사의 송, 대원선사의 도움말과 시송으로 이루어져, 벽암록을 오늘에 맞게 바로 보이고 있다.
456쪽. 15,000원

4. 바로보인 천부경

우리 민족 최고(最古)의 경전 천부경을 깨달음의 책으로 새롭게 바로 보였다. 이 책에는 81권의 화엄경을 81자에 함축한 듯한 천부경과, 교화경, 치화경의 내용이 함께 담겨 있으며, 역저자인 대원선사가 도움말, 토끼뿔, 거북털 등으로 손쉽게 닦아 증득하는 문을 열어 놓고 있다.
432쪽. 15,000원

5. 바로보인 금강경

대원선사의 『바로보인 금강경』은 국내 최초로 독창적인 과목을 내어 부처님과 수보리 존자의 대화 이면의 숨은 뜻을 드러내고, 자문과 시송으로 본문의 핵심을 꿰뚫어 밝혀, 금강경 전체를 손바닥 안의 겨자씨를 보듯 설파하고 있다.
488쪽. 15,000원

6. 세월을 북채로 세상을 북삼아

대원선사의 선시가 담긴 선시화집『세월을 북채로 세상을 북삼아』는 선과 시와 그림이 정상에서 만나 어우러진 한바탕이다.
선의 세계를 누리는 불가사의한 일상의 노래, 법열의 환희로 취한 어깨춤과 같은 선시가 생생하고 눈부시게 내면의 소리로 흐른다.
180쪽. 15,000원

7. 영원한 현실

애매모호한 구석이 없이 밝고 명쾌하여, 너무도 분명함에 오히려 그 깊이를 헤아리기 어려운, 대원선사의 주옥같은 법문을 모아 놓은 법문집이다.
400쪽. 15,000원

8. 바로보인 신심명

신심명은 양끝을 들어 양끝을 쓸어버리는, 40대치법으로 이루어진, 3조 승찬 대사의 게송이다. 이를 대원선사가 바로 번역하는 것은 물론, 주해, 게송, 법문을 더해 통쾌하게 회통하고 자유자재 농한 것이 이 『바로보인 신심명』이다.
296쪽. 10,000원

9. 바로보인 환단고기 (전5권)

『바로보인 환단고기』 1권은 민족정신의 정수인 환단고기의 진리를 총정리하여 출간하였다. 2권에는 역사총론과 태초에서 배달국까지 역사가 실려 있으며, 3권은 단군조선, 4권은 북부여에서부터 고려까지의 역사가 실려 있다. 5권에는 역사를 증명하는 부록과 함께 환단고기 원문을 실었다. 344 · 368 · 264 · 352 · 344쪽. 각권 12,000원

10. 바로보인 선문염송 (전30권)

선문염송은 세계최대의 공안집이다. 전 공안을 망라하다시피 했기에 불조의 법 쓰는 바를 손바닥 들여다보듯 하지 않고는 제대로 번역할 수 없다. 대원선사는 전 공안을 바로 참구할 수 있게끔 번역하고 각 칙마다 일러보였다. 352 368 344 352 360 360 400 440 376 392 384 428 410 380 368 434 400 404 406 440 424 460 472 456 504 528 488 488 480 512쪽. 각권 15,000원

11. 앞뜰에 국화꽃 곱고 북산에 첫눈 희다

대원선사의 선문답집으로 전강 · 경봉 · 숭산 · 묵산 선사와의 명쾌한 문답을 실었으며, 중앙일보의 〈한국불교의 큰스님 선문답〉 열 분의 기사와 기자의 질문에 대한 대원선사의 별답을 함께 실었다.
200쪽. 5,000원

12. 바로보인 증도가

선종사에 사라지지 않을 발자취로 남은 영가 선사의 증도가를 대원선사가 번역하고 법문과 송을 더하였다.
자비의 방편인 증도가의 말씀을 하나하나 쳐가는 선사의 일갈이야말로 영가 선사의 본 의중과 일치하여 부합하는 것이라 아니할 수 없다.
376쪽. 10,000원

13. 바로보인 반야심경

이 시대의 야부(冶父)선사, 대원선사가 최초로 반야심경에 과목을 붙여 반야심경 내면에 흐르는 뜻을 밀밀하게 밝혀놓고 거침없는 송으로 들어보였다.
264쪽. 10,000원

14. 선(禪)을 묻는 그대에게 (전10권 중 2권)

대원선사의 선수행에 대한 문답집.
깨달아 사무친 경지에 대한 밀밀한 점검과, 오후보림에 대한 구체적인 수행법 제시와, 최초의 무명과 우주생성의 원리까지 낱낱이 설한 법문이 담겨 있다.
280쪽, 272쪽. 각권 15,000원

15. 바로보인 선가귀감

선가귀감은 깨닫고 닦아가는 비법이 고스란히 전수되어 있는 선가의 거울이라 할 만하다. 더욱이 바로보인 선가귀감은 매 소절마다 대원선사의 시송이 화살을 과녁에 적중시키듯 역대 조사와 서산대사의 의중을 꿰뚫어 보석처럼 빛나고 있다.
352쪽. 15,000원

16. 바로보인 법융선사 심명

심명 99절의 한 소절, 한 소절이 이름 그대로 마음에 새겨두어야 할 자비광명들이다.
이 심명은 언어와 문자이면서 언어와 문자를 초월한 일상을 영위하게 하는 주옥같은 법문이다.
278쪽. 12,000원

17. 주머니 속의 심경

반야심경은 부처님이 설하신 경 중에서도 절제된 경으로 으뜸가는 경이다. 대원선사의 선송(禪頌)도 그 뜻을 따라 간략하나 선의 풍미를 한껏 담고 있다. 하루에 한 소절씩을 읽고 참구한다면 선 수행의 지름길이 될 것이다.
 84쪽. 5,000원

18. 바로보인 법성게

법성게는 한마디로 화엄경의 핵심부를 온통 훤출히 드러내놓은 게송이다. 짧은 글 속에 일체의 법을 이렇게 통렬하게 담아놓은 법문도 드물 것이다.
이렇게 함축된 법성게 법문을 대원선사가 속속들이 밀밀하게 설해놓았다.
176쪽. 10,000원

19. 달다 - 전강 대선사 법어집

이제는 전설이 된 한국 근대선의 거목인 전강 선사님의 최상승법과 예리한 지혜, 선기로 넘쳤던 삶이 생생하게 담겨 있는 전강 대선사 법어집〈달다〉!
전강 대선사님의 인가 제자인 대원선사가 전강 대선사님의 법거량과 법문, 일화를 재조명하여 보였다.
368쪽. 15,000원

20. 기우목동가

그 뜻이 심오하여 번역하기 어려웠던 말계 지은 선사의 기우목동가!
대원선사가 바른 뜻이 드러나도록 번역하고, 간결한 결문과 주옥같은 선송으로 다시 보였다.
 146쪽. 10,000원

21. 초발심자경문

이 초발심자경문은 한문을 새기는 힘인 문리를 터득하게 하기 위하여 일부러 의역하지 않고 직역하였다. 대원선사의 살아있는 수행지침도 실려 있다.
 266쪽. 10,000원

22. 방거사어록

방거사어록은 선의 일상, 선의 누림을 보여주는 대표적인 선문이다. 역저자인 대원선사는 방거사어록의 문답을 '본연의 바탕에서 꽃피우는 일상의 함'이라 말하고 있다. 법의 흔적마저 없는 문답의 경지를 온전하게 드러내 놓은 번역과, 방거사와 호흡을 함께 하는 듯한 '토끼뿔'이 실려 있다.
306쪽. 15,000원

23. 실증설

이 책은 대원선사가 2010년 2월 14일 구정을 맞이하여 불자들에게 불법의 참뜻을 보이기 위해 홀연히 펜을 들어 일시에 써내려간 법문을 모태로 하였다. 실증한 이가 아니고는 설파할 수 없는 성품의 이치를 자문자답과 사제간의 문답을 통해 1, 2, 3부로 나눠 실증하여 보이고 있다.
224쪽. 10,000원

24. 하택신회대사 현종기

육조대사의 법이 중국천하에 우뚝하도록 한 장본인, 하택신회대사의 현종기. 세간에 지해종도(知解宗徒)로 알려져 있는 편견을 불식시키는 뛰어난 깨달음의 경지가 여기에 담겨있다. 대원선사가 하택신회대사의 실경지를 드러내고 바로보임으로써 빛냈다.
232쪽. 10,000원

25. 불조정맥 - 韓·英·中 3개국어판

석가모니불로부터 현 78대에 이르기까지 불조정맥진영(佛祖正脈眞影)과 정맥전법게(正脈傳法偈)를 온전하게 갖춘 최초의 불조정맥서. 대원선사가 다년간 수집, 정리하여 기도와 관조 끝에 완성한 『불조정맥』을 3개 국어로 완역하였다.
216쪽. 20,000원

26. 바른 불자가 됩시다

참된 발심을 하여 바른 신앙, 바른 수행을 하고자 해도, 그 기준을 알지 못해 방황하는 불자님들을 위해 불법의 바른 길잡이 역할을 하도록 대원선사가 집필하여 출간하였다.
162쪽. 10,000원

27. 누구나 궁금한 33가지

21세기의 인류를 위해 모든 이들이 가장 어렵고 궁금해 하는 문제, 삶과 죽음, 종교와 진리에 대한 바른 지표를 제시하고자 대원선사가 집필하여 출간하였다.
180쪽. 10,000원

28. 108진참회문 - 韓·英·中 3개국어판

전생의 모든 악연들이 사라져 장애가 없어지고, 소망하는 삶을 살게 하기 위해 대원선사가 10계를 위주로 구성한 108 항목의 참회문이다. 한 대목마다 1배를 하여 108배를 실천할 것을 권한다.
170쪽. 15,000원

29. 달마의 일할도 허락지 않는다

대원선사의 짧고 명쾌한 법문집.
책을 잡는 순간 달마의 일할도 허락지 않는 선기와 맞닥뜨리게 될 것이다. 때로는 하늘을 찌를 듯한 기세와, 때로는 흔적 없는 공기와도 같은 향기를 일별하기를…
190쪽. 10,000원

30. 마음대로 앉아 죽고 서서 죽고

생사를 자재한 분들의 앉아서 열반하고 서서 열반한 내력은 물론 그분들의 생애와 법까지 일목요연하게 수록해놓았다.
446쪽. 15,000원

31. 화두 3개국어판 - 韓·英·中

『화두』는 대원선사의 평생 선문답의 결정판이다. 생생하게 살아있는 선(禪)을 한·영·중 3개국어로 만날 수 있다. 특히 대원선사의 짧은 일대기가 실려 있어 그 선풍을 음미하는 데에 큰 도움을 주고 있다.
440쪽. 15,000원

32. 바로보인 간당론

법문하는 이가 법리를 모르고 주장자를 치는 것을 눈먼 주장자라 한다. 법좌에 올라 주장자 쓰는 이들을 위해서 대원선사가 간당론에서 선리(禪理)만을 취하여 『바로보인 간당론』을 출간하였다.
218쪽. 20,000원

33. 완전한 우리말 불공예식법

부처님께 공양을 올리고 불보살님의 가피를 구하는 예법 등을 총칭하여 불공예식법이라 한다. 대원선사가 이러한 불공예식의 본뜻을 살려서 완전한 우리말본 불공예식법을 출간하였다.
456쪽. 38,000원

34. 바로보인 유마경

유마경은 불법의 최정점을 찍는 경전이라 할 것이니, 불보살님이 교화하는 경지에서의 깨달음의 실경과 신통자재한 방편행을 보여주는 최상승 경전이다. 대원선사가 〈대원선사 토끼뿔〉로 이 유마경에 걸맞는 최상승법을 이 시대에 다시금 드날렸다.
568쪽. 20,000원

35. 실증설
5개국어판 - 韓·英·佛·西·中

대원선사가 불법의 참뜻을 보이기 위해 홀연히 펜을 들어 일시에 써내려간 실증설! 실증한 이가 아니고는 설파할 수 없는 도리로 가득한 이 책이 드디어 영어, 불어, 스페인어, 중국어를 더하여 5개국어로 편찬되었다.
860쪽. 25,000원

36. 누구나 궁금한 33가지
3개국어판 - 韓·英·中

누구라도 풀어야 할 숙제인 33가지의 의문에 대한 답을 21세기의 현대인에게 맞는 비유와 언어로 되살린 『누구나 궁금한 33가지』가 한글, 영어, 중국어 3개국어로 출간되었다.
408쪽. 15,000원

37. 달마의 일할도 허락지 않는다
3개국어판 - 韓 · 英 · 中

대원선사의 짧고 명쾌한 법문집인 『달마의 일할도 허락지 않는다』가 한글, 영어, 중국어 3개국어로 출간되었다. 전세계에서 유일하게 활선의 가풍이 이어지고 있는 한국, 그 가운데에서도 불조의 정맥을 이은 대원선사가 살활자재한 법문을 세계로 전하고 있는 책이다.
308쪽. 15,000원

38. 화엄경 (전81권)

대원선사는 선문염송 30권, 전등록 30권을 모두 역해하여 세계 최초로 1,463칙 전 공안에 착어하였다. 이러한 안목으로 대천세계를 손바닥의 겨자씨 들여다보듯 하신 불보살님들의 지혜와 신통으로 누리는 불가사의한 화엄세계를 열어 보였다.
220쪽. 각권 15,000원

39. 법성게 3개국어판 - 韓 · 英 · 中

법성게는 한마디로 화엄경의 핵심부를 훤출히 드러내놓은 게송으로 짧은 글 속에 일체 법을 고스란히 담아놓았다. 대원선사의 통쾌한 법성게 법문이 한영중 3개국어로 출간되었다.
376쪽. 15,000원

40. 정법의 원류

『정법의 원류』는 불조정맥을 이은 정맥선원의 소개서이다. 정맥선원은 불조정맥 제77조 조계종 전강 대선사의 인가 제자인 대원 전법선사가 주재하는 도량이다. 『정법의 원류』를 통해 정맥선원 대원선사의 정맥을 이은 법과 지도방편을 만날 수 있다.
444쪽. 20,000원

41. 바로보인 도가귀감

도가귀감은, 온통인 마음[一物]을 밝혀 회복함으로써, 생사를 비롯한 모든 아픔과 고를 여의어, 뜻과 같이 누려서 살게 하고자 한 도교의 뜻을, 서산대사가 밝혀놓은 책이다. 대원선사가 부록으로 도덕경의 중대한 대목을 더하고, 그 대목대목마다 결문(決文)하였다.
218쪽. 12,000원

42. 바로보인 유가귀감

유가귀감은 서산대사가 간추려놓은 구절로서, 간결하지만 심오하기 그지없으니, 간략한 구절 속에서 유교사상을 미루어볼 수 있게 하였다. 대원선사가 그 뜻이 잘 드러나게 번역하고 그 대목대목마다 결문(決文)하였다.
236쪽. 15,000원

43. 바로보인 전등록 (전30권)

7불로부터 52세대까지 1,701명 선지식의 깨달음의 진수가 담긴 전등록 30권에 농선 대원 선사가 선리(禪理)의 토끼뿔을 더해 닦아 증득하는데 도움이 되도록 하였다.
288쪽. 각권 15,000원

농선 대원 선사 법문 mp3 주문 판매

* 천부경 : 15,000원
* 신심명 : 30,000원
* 현종기 : 65,000원
* 기우목동가 : 75,000원
* 반야심경 : 1회당 5,000원 (총 32회)
* 선가귀감 : 1회당 5,000원 (총 80회)

* 금강경 : 40,000원
* 법성게 : 10,000원
* 법융선사 심명 : 100,000원

농선 대원 선사 작사 CD 주문 판매

* 가슴으로 부르는 불심의 노래 1,2,3집
  각 : 1만 5천원
* 유튜브에서 채널 구독하시고 무료로
  찬불가 앨범을 감상하세요

주문 문의 ☎ 031-534-3373

유튜브에서 채널 구독하시고
무료로 찬불가 앨범을 감상하세요

유튜브에서 MOONZEN을 검색하시거나
아래의 주소로 접속해주세요

http://www.youtube.com/user/officialMOONZEN